京津冀和长三角地区农业发展水平测度

◎ 聂迎利 林巧 王晶静 孔令博 等 著

中国农业科学技术出版社

图书在版编目（CIP）数据

京津冀和长三角地区农业发展水平测度 / 聂迎利等著. --北京：中国农业科学技术出版社，2021.9

ISBN 978-7-5116-5442-7

Ⅰ.①京… Ⅱ.①聂… Ⅲ.①农业发展—研究—华北地区 ②长江三角洲—农业发展—研究 Ⅳ.①F323

中国版本图书馆 CIP 数据核字（2021）第 156621 号

责任编辑　陶　莲
责任校对　李向荣
责任印制　姜义伟　王思文

出 版 者	中国农业科学技术出版社
	北京市中关村南大街12号　　邮编：100081
电　　话	（010）82106625（编辑室）（010）82109704（发行部）
	（010）82109709（读者服务部）
传　　真	（010）82106625
网　　址	http://www.castp.cn
经 销 者	各地新华书店
印 刷 者	北京建宏印刷有限公司
开　　本	170 mm×240 mm　1/16
印　　张	7.5
字　　数	135千字
版　　次	2021年9月第1版　2021年9月第1次印刷
定　　价	80.00元

版权所有·翻印必究

《京津冀和长三角地区农业发展水平测度》

著者名单

出版顾问：魏　虹　王　川　李辉尚　任　妮
主　　著：聂迎利　林　巧　王晶静　孔令博
副主著：张　帆　常　赞

前　言

Preface

京津冀地区（包括北京市、天津市和河北省）和长三角地区（上海市、浙江省和江苏省），是我国经济发展水平最高，经济活力最强，最具创新能力的核心城市群。近年来，这两个地区虽然经济发展、资源禀赋、产业特色等各具特色，但在农业科技创新引领、传统农业向现代农业转型升级，特别是都市农业、绿色农业、智慧农业发展方面均成效卓著，对我国农业整体提质增效具有良好的示范带动作用。

当前，京津冀地区和长三角地区农业发展呈现以下特点：一是长三角地区农林牧渔业总产值整体大于京津冀地区，但京津冀地区农林牧渔业总产值在地区生产总值中的比例高于长三角地区；二是长三角地区农林牧渔业增加值整体大于京津冀地区，江苏省和河北省均大于全国平均水平；三是京津冀与长三角地区整体耕地占农用地比例高，但人均耕地面积均低于全国平均水平；四是乡村人口和农业就业人员比例较低，除河北省外，其他5个省（市）乡村人口和农业就业人员比例均低于全国平均水平；五是两个地区优势农产品不同，奶、蛋是京津冀相对具有优势的农产品，木竹地板、人造板、水产品、蔬菜是长三角地区相对具有优势的农产品；六是京津冀和长三角地区整体的农村居民人均可支配收入排名靠前，在全国内地31个省（市、自治区）农村居民人均可支配收入的排名中，前五名分别是上海市、浙江省、北京市、天津市和江苏省；七是京津冀和长三角地区农业专技人员比例均相对较低；八是京津冀农业教育体系完善，北京在农学研究生培养方面优势明显，长三角地区高等学校本专科毕业生数、招生数、在校学生数在全国比例分别为20.80%、17.43%和20.03%，江苏省在高等学校本专科培养方面优势明显。

本书从京津冀地区和长三角地区农业发展概况、科技竞争力对比、农业产业竞争力对比3个方面进行了全面调研和分析。在农业发展概况方面，在介绍6个省（市）农业发展现状、农业基本情况和农业科技现状的基础上，总结了两个地区农业发展的总体特征。在科技竞争力对比方面，基于各区域的农业科技文献产出，构建了科技竞争力分析模型，从学术生产力、学术影响力、学术发展力和科技合作力4个维度对京津冀和长三角共6个省市的科技竞争力展开对比分析，进而评价两个区域的综合科技竞争力。在农业产业竞争力方面，基于各区域自然资源、基础设施、投入产出等统计数据，从农业资源基础竞争力、农业生产竞争力、农业技术竞争力、农业资本竞争力、农业市场竞争力5个维度共18个指标对京津冀地区和长三角地区6个省市的农业产业发展竞争力进行综合定量评估，判断区域发展的优势与短板。上述研究，对区域农业竞争力评价方法进行了有益探索，为进一步建立科学的定量的评价指标和方法奠定了一定的基础。

从总体上看,本书对区域规划领域科研人员,以及相关政府、科研机构、院校、企业的管理人员具有重要的参考价值。

著者

2021年5月

目 录

Contents

1 区域农业发展概况 ·· 1

    1.1 区域农业发展现状 ·· 2

    1.2 区域农业基本情况 ·· 15

    1.3 区域农业科技现状 ·· 28

    1.4 京津冀和长三角地区农业发展概况总结 ···································· 31

2 区域农业科技竞争力对比分析 ··· 33

    2.1 科技竞争力分析模型概述 ·· 33

    2.2 学术生产力 ·· 38

    2.3 学术影响力 ·· 45

    2.4 学术发展力 ·· 50

    2.5 科技合作力 ·· 58

    2.6 京津冀和长三角地区农业科技竞争力总结 ······························· 65

3 区域农业产业竞争力对比分析 ·················· 67
3.1 产业竞争力分析模型概述 ····················· 67
3.2 农业资源基础竞争力 ························ 68
3.3 农业生产竞争力 ·························· 81
3.4 农业技术竞争力 ·························· 87
3.5 农业资本竞争力 ·························· 94
3.6 农业市场竞争力 ·························· 102
3.7 京津冀和长三角地区农业产业竞争力总结 ············ 106

附录 检索策略 ······························ 108

1 区域农业发展概况

京津冀地区包括北京市、天津市和河北省,处于中纬度亚欧大陆的东岸。京津冀地区的气候属于温带半湿润半干旱大陆性季风气候,四季分明;河流较多,以外流河为主;土壤类型较多,褐土分布最广,潮土次之,棕壤第三。农业农村部等八部门联合印发《京津冀现代农业协同发展规划》中将京津冀三地农业发展划分为"两区",即都市现代农业区(包括京津和河北省环京津的27个县市)和高产高效生态农业区〔河北省146个县(市、区)〕,二者分别是京津冀现代农业发展的核心区和战略腹地[①]。

长江三角洲地区,简称长三角地区,关于其具体范围,不同时期的区域规划有不同的表述。2010年,根据国家发改委印发的关于长三角地区区域规划的通知,长三角地区包括上海市、江苏省和浙江省,区域面积为21.07万平方千米[②]。2019年,根据中共中央国务院印发的《长江三角洲区域一体化发展规划纲要》,长三角地区包括上海市、江苏省、浙江省、安徽省全域(面积35.8万平方千米)。中共中央国务院印发的《长江三角洲区域一体化发展规划纲要》中指出,长三角地区是我国经济发展最活跃、开放程度最高、创新能力最强的区域之一,其在国家现代化建设大局中具有举足轻重的战略地位。其中,以上海市,江苏省南京市、无锡市等,浙江省杭州市、宁波市等,安徽省合肥市、芜湖市等27个城市为中心区,以上海市青浦区、江苏省吴江市、浙江省嘉善县为长三角生态绿色一体化发展示范区,辐射带动、示范引领长三角地区高质量一体化发展;以上海市临港等地区为中国(上海市)自由贸易试验区新片区,打造与国际通行规

---

① 中华人民共和国农业农村部等八部门. 京津冀现代农业协同发展规划[EB/OL].(2016-04-21)[2020-10-31]. http://www.moa.gov.cn/xw/bmdt/201610/t20161030_5339955.htm.

② 国家发展改革委. 长江三角洲地区区域规划(发改地区〔2010〕1243号)[EB/OL].(2010-06-22)[2020-10-31]. http://www.gov.cn/zwgk/2010/06/22/content_1633868.htm.

则相衔接、更具国际市场影响力和竞争力的特殊经济功能区[①]。本书的研究区域为长三角地区的上海市以及与其毗邻的江苏省和浙江省，该地区海岸线北起绣针河口（119°18′E，35°05′N），南至苍南县虎头鼻（120°26′E，27°10′N）[②]。长三角地区属于亚热带季风气候，气候温和湿润、四季分明、光照充足、雨热同期、降水充沛、热量丰富；河湖众多，水网密布；土壤类型多样，上海市土壤主要由水稻土、潮土和滨海盐土构成，浙江省的主要土壤类型有水稻土、红壤、潮土和滨海盐土，江苏省的主要土壤类型包括褐土、棕壤、黄棕壤、黄壤、盐渍土和草甸土[③]。

近年来，京津冀地区和长三角地区在由传统农业向现代农业转型升级的过程中，在发展都市型农业、设施农业、生态农业、智慧农业、休闲农业、"互联网+"现代农业等方面均取得了显著成绩，这其中农业科技的创新发挥了重要作用。

因统计年鉴更新滞后，本章节统计数据采用2017年数据，特此说明。

1.1 区域农业发展现状

1.1.1 北京市农业发展现状

2017年，北京市着力推进农业农村改革发展，在着力改善农村人居环境、提升农业发展质量、改善农村民生、深化农村改革和加强党对农村工作的领导5个方面取得了积极成效，力争建设国际一流的和谐宜居之都[④]。2002—2018年，以六年为一个维度，北京市整体的科技进步贡献率呈逐年增长态势[⑤]。

[①] 中华人民共和国中央人民政府，中共中央国务院. 长江三角洲区域一体化发展规划纲要[EB/OL].(2019-12-01)[2020-10-31] . http://www.gov.cn/zhengce/2019-12/01/content_5457442.htm .

[②] 王洁，王卫安，王守芬. 气候变化背景下中国沿海地区典型区域脆弱性评价——以长三角为例[J]. 测绘与空间地理信息，2017，40（3）：81-85+89.

[③] 毛佳园. 长三角地区主要城市森林群落景观区域特征分析[D].合肥：安徽农业大学，2016.

[④] 中华人民共和国农业农村部. 中国农业统计年鉴[M]. 北京：中国农业出版社，2018.

[⑤] 国家统计局. 中国科技统计年鉴[M]. 北京：中国统计出版社，2019.

1.1.1.1 概况

2017年,北京市实现农林牧渔业总产值308.3亿元,其中增加值122.8亿元;全年农村居民人均可支配收入2.42万元,同比增长8.7%,扣除价格因素比2016年增长6.7%;低收入农户人均可支配收入近1.07万元,同比增长19.4%。都市型现代农业生态服务价值达到10 769亿元。

1.1.1.2 提升农业发展质量

2017年,继续调减退出高耗水种植养殖业,在地下水严重超采区继续调减高耗水粮食的种植面积,已完成80%的"调转节"2020年目标任务;印发《北京市推进"两田一园"高效节水工作方案》《北京市农业水价综合改革实施方案》,严格落实用水限额管理,推进节水栽培技术应用、绿地林地集雨节水工程建设、农业水价综合改革和区域规模化高效节水灌溉,农业用水节约4 000万立方米。积极创建国家现代农业示范区,在农业部(现农业农村部)2017年国家现代农业示范区建设水平监测评价中,北京市国家现代农业示范区建设水平综合得分76.11分,达到基本实现农业现代化水平。推进以现代种业为重点的农业科技发展;创新农业科技服务方式,不断提升农业科技应用水平,重点加强5个领域的扶持引导,分别是农业综合节水技术、育种繁种技术、农业高端技术转化、农业生态技术和观光休闲技术。加强"菜篮子"工程建设,加强农产品质量安全监管,"菜篮子"产品质量抽检合格率达到了97%以上。推动农业绿色发展,启动国家农业可持续发展试验示范区创建工作,在农业领域落实推进环境保护"三个十条"。推动乡村旅游转型升级,北京市现有休闲农业园区0.12万个,民俗旅游接待户约0.84万户,休闲农业和民俗旅游全年接待游客4 337万人次,实现收入44.1亿元。

1.1.1.3 改善农村人居环境

2017年,北京市新建美丽村庄300个,累计达到1 300个;完成901个村庄36.9万户农户的"煤改清洁能源"工作,累计完成2 237个村庄约90万户农户的"无煤化"改造工作,减少约270万吨散煤燃烧;同步完成1 514个村委会、村民公共活动场所和95万平方米农业籽种设施的改造任务。怀柔区雁栖镇等4个镇被认定为第二批中国特色小镇,累计已达到7个。组织开展6万户农宅改造工程,累计实施约70万户农宅的抗震节能改造。完成北京市第一批44个市级传统村落的确定工作，其中21个被列入中国传统村落名录；推动山区绿色发展，46个村4 715户1.04万人的山区搬迁工程全面实施。

1.1.1.4 改善农村民生

2017年，北京市促进农民就业增收，精准抓好低收入帮扶，继续做好一事一议财政奖补工作。其中各级财政投入奖补资金5.4亿元（低收入村奖补资金1.4亿元），建设项目537个（低收入村项目129个）。

1.1.1.5 深化农村改革

2017年，北京市农村土地承包经营权确权登记颁证主体任务已基本完成，共有125个乡镇（比例拟确权乡镇的100%）2 609个村（比例拟确权村数的98.1%）开展了确权，涉及承包土地面积18.6万公顷（比例拟确权土地总面积的98.5%）。全市7个区开展盘活利用农民闲置房屋试点，涉及24个乡镇27个村，盘活闲置农宅789套，租期内农民可获得租金1.27亿。全市完成农村集体经济产权制度改革单位达到3 920个（村级3 899个，乡级21个），村级完成比例为98%。全市农民专业合作社联合社39家；在工商登记注册的合作社7 447家，成员19.6万人，出资总额109.8亿元，辐射带动农户46万户。农村金融改革稳步推进，政策性农业保险险种44个，参保农户8.1万户，全年保费收入5.7亿元（同比增长5.5%）。出台农业领域贷款贴息办法，支持72家新型农业经营主体融资9.4亿元。

1.1.2 天津市农业发展现状

2017年，天津市农村经济稳中有进，涉农的9个区的生产总值达到7 468.5亿元，五年年均增长10.3%，高于全市平均增速1.4个百分点，经济总量占全市总量的40.2%，比2012年提高8.4个百分点。2017年农林牧渔业增加值达到174亿元，年均增长2.8%。

1.1.2.1 现代都市型农业快速发展

2017年，天津市调减粮食种植面积1.33万公顷，累计调减7.17万公顷，土地产出率明显提高。建成高标准设施农业4万公顷、现代农业园区20个、养殖园区

155个和中以（以色列）现代农业产业园区10个。科技兴农成效明显，10个中以农业科技合作示范园区建成并达产，形成了黄瓜、大白菜、芹菜、杂交粳稻、花椰菜、生猪、肉羊、河蟹等优势品种；天津市奥群牧业有限公司拥有全球第二大澳洲白绵羊核心种群。累计建成"放心菜"基地234个，年产"放心菜"240万吨（占全市蔬菜总产量的53%）；建成"放心猪肉"基地180个，年出栏114万头（占全市生猪出栏量的30%）；提升改造"放心肉鸡"基地312个，年产肉鸡6 000万只以上（占全市肉鸡总产量的75%）；建成"放心水产品"基地30个，养殖水面达到6.67千公顷。健全农产品质量检测体系，建成6个部级、9个区级农产品质量检测中心。实施"物联网+农业""电商网+农业""信息网+农业"三网联动工程，加快推进信息化和农业现代化深度融合，转变农业生产方式和销售方式。建成了全国省级农业物联网应用平台，物联网技术实现涉农各区和主要农产品全覆盖。物联网种植养殖应用示范基地达到800多个，开发并上线应用"放心菜""放心肉鸡"质量安全追溯服务系统、病虫害远程诊断应用系统。新产业新业态蓬勃兴起，休闲农业收入年均增长20%以上。

1.1.2.2　农民收入和生活水平持续提高

2017年，天津市农村居民人均可支配收入达到2.18万元（比2016年增长8.4%）；工资性收入比例达到60.4%（比2016年提高9.1个百分点），成为农民收入的主要来源。农村居民人均可支配收入五年年均增长10%，增速高于城镇居民1.1个百分点。

1.1.2.3　农村重点领域改革不断深化

2017年，天津市开展国家农村改革试验区试点工作，建成宝坻区农村产权流转交易市场体系。农村集体土地承包经营权确权发证率达到99%。天津市蓟州区宅基地制度改革试点加快推进。开展涉农产权委托抵押登记，构建了以种植业、养殖业、农民房屋、农民家庭财产为核心的农业保险制度体系。

1.1.2.4　农村生态环境进一步改善

2017年，天津市建设美丽乡村150个，累计建成765个；营造林14.3万公顷，林木绿化率达到26.4%。完成全市70%以上的规模畜禽养殖场粪污治理，农作物秸秆综合利用率达到97.3%。建成324个农村村庄生活污水处理设施。

1.1.2.5 京津冀协同发展水平持续提升

2017年,天津市与农业部签订了《共同推进农业供给侧结构性改革落实京津冀农业协同发展战略合作框架协议》,确定了"四区两平台"建设。建立了全方位多层级的工作机制,分别与北京市、河北省签署了《推进京津冀农业协同发展合作框架协议》,农业系统与京津冀对口部门签署了涉及农产品质量安全、动植物疫病防控、科技合作等领域的一系列合作协议。搭建了一批合作交流平台,如农业嘉年华活动、京津冀蔬菜产销对接大会等。谋划实施了一批合作项目,如"天津市承德市百万只优质肉羊产业扶贫项目"等。

1.1.3 河北省农业发展现状

2017年,河北省以实施乡村振兴战略为总抓手,以推进农业供给侧改革为主线,发展现代农业,深化农村改革,持续推进美丽乡村建设。

1.1.3.1 统筹推进"三农"工作

2017年,河北省强化顶层制度设计,加大投入力度并抓好督导落实,统筹推进"三农"工作。其中,农牧渔业(不包含农户)完成固定资产投资1 796.2亿元(比2016年增长6.5%);争取中央农业财政项目资金136.73亿元(比2016年增长4.5%);集中实施了新增千亿斤粮食工程、农产品质检体系、奶牛规模化养殖等一批重大项目。

1.1.3.2 保障主要农产品供给

依靠科技,提升单产。在实施季节性休耕、播种面积减少的情况下,粮食总产量3 829.2万吨(比2016年增长1.2%)。"菜篮子"产品生产供应充足、提质升级,蔬菜总产量5 058.5万吨,肉类总产量474.2万吨,禽蛋产量383.7万吨,牛奶产量381万吨,水果产量1 365.3万吨,均居全国前5位。蔬菜、牛肉、羊肉、鸡肉在北京市场占有率分别为53%、78.6%、70.9%、48.4%。

1.1.3.3 推进结构调整

按照"一环四区一带"农业产业布局,发展现代都市型农业和特色高效农业,累计调减非优势产区籽粒玉米27.8万公顷,建成高端设施蔬菜33.7万公顷,发展中药材、马铃薯、食用菌等特色产业39.4万公顷，青贮玉米、苜蓿等饲草饲料作物16.7万公顷，全省粮经饲比例调整为60∶37∶3。标准化改造和完善奶牛养殖场（小区）89个，奶牛养殖场（小区）信息化管理比例为43%，乳制品和液体乳产量连续4年位居全国第一。

1.1.3.4　提升农产品质量安全水平

2017年，河北省新增国家级、省级农产品质量安全县43个，累计已到达101个。认证"三品一标"农产品2 437个。构建产地准出和市场准入无缝衔接监管机制，全省蔬菜、畜产品、水产品抽检总体合格率为98.9%。实施外向型农产品生产示范区（基地）、出口食品农产品质量安全示范区100个，取得境外农产品商标注册或国际认证的农业企业（产品）200个。

1.1.3.5　强化农业科技支撑

2017年，河北省依托11个产业技术体系创新团队和6个省级农业科技创新联盟，示范与推广新品种和新技术，主要农作物良种覆盖率为98%，主推技术到位率为95%以上，农业科技进步贡献率达到57.5%。全省农作物耕种收综合机械化率达到77.2%，玉米机收率达到80%以上，开发建成智慧农机决策管理信息平台，实现了农机深松智能监测全覆盖和农机作业精准调度。

1.1.4　上海市农业发展现状

2017年，上海市"三农"工作紧密围绕都市现代绿色农业发展的总目标，以农业供给侧结构性改革为主线，农业现代化发展水平和都市现代农业发展综合指数均排名全国第一。

1.1.4.1　农业供给侧结构性改革取得新进展

2017年，上海市落实农业功能区制度，推进农业"三区"划定工作，基本完成5.33万公顷粮食功能区、3.33万公顷蔬菜生产保护区、12个特色农产品优势区的划定和建设。水稻生产从"卖稻谷"向"卖大米"转变，推进农业转型发展。调优种植茬口布局，夏熟"两麦"面积比2016年减少1.75万公顷（减幅55%），绿肥和冬季深耕面积比上年增加6.87万公顷。调优水稻种植品种，扩大水稻早中熟品种种植面积2.67万公顷（增幅53.8%）。加强农产品品牌建设，落实农业品牌推进年工作。通过落实耕地休养生息，鼓励季节休养耕地，推广有机肥替代化肥、秸秆还田，提高耕地质量。促进畜禽养殖业淘汰落后产能，大规模违法捕捞现象基本绝迹。

1.1.4.2　都市现代绿色农业发展扎实推进

2017年，上海市全年粮食播种面积13.3万公顷，粮食总产量99.8万吨。"夏淡"期间蔬菜供应稳定，地产蔬菜上市量278.8万吨（其中绿叶菜上市量148.9万吨）。畜禽养殖业继续保持减量、提质、增效，全年生猪累计出栏189.7万头，家禽出栏1 272.7万羽，禽蛋产量3.37万吨，牛奶产量36.4万吨。现代渔业发展稳定，水产品总产量为26.9万吨。2018年2月13日，上海市通过了《上海市畜禽养殖废弃物资源化利用实施方案》[①]，制定了《上海市加强畜禽粪便综合治理深入推进种养结合三年行动计划（2017—2019年）》，通过优化产业布局、提升设施装备等具体措施，加强畜禽养殖废弃物资源化利用，促进种养结合生态循环[②]。通过实施秸秆综合利用扶持政策和加强养殖业面源污染整治工作，主要农作物秸秆综合利用率达到94%，全市累计退养规划不保留畜禽养殖场610家，完成60%的养殖业布局规划退养任务，其中被列入中小河道周边综合整治的105家场已全部完成退养。生猪屠宰监管"扫雷行动"继续做好动物无害化处理工作。贯彻落实《农药管理条例》，推广高效低毒低残留农药24.6万公顷次。推广测土配方施肥技术、绿色防控技术，累计推广商品有机肥26万吨，施用专用配方肥11.6万公顷次。

1.1.4.3　新型经营主体作用持续加强

培育新型农业经营主体，发展家庭农场4 516家，其中粮食生产家庭农场4 041家，家庭农场水稻种植面积占全市水稻总面积的50.78%，计3.91万公顷。健全农村土地流转交易和管理平台，承包地流转率75.1%，引导土地向高能级、高

---

① 上海市人民政府办公厅. 上海市畜禽养殖废弃物资源化利用实施方案（沪府办〔2018〕12号）[EB/OL]. （2018-03-14）[2020-10-31]. http://www.fqs.net.cn/foodcenter/showdetail.aspx?nguid=638fd3cbaee544a78590201065c84b70.

② 上海古宗白山羊专业合作社. 2017年上海农业农村发展综述[EB/OL]. （2018-03-13）[2020-10-31]. http://www.guzong888.com/newsdetail_1297704.html.

水平的经营主体进行集中流动。

1.1.4.4　农业科技信息装备水平持续提升

上海市发布修订后的《上海市科技兴农项目立项评审管理办法》[①]《上海市科技兴农项目验收管理办法》《上海市科技兴农项目及资金管理办法》[②]等文件，推进农业科技成果转化，形成《上海市农业科技成果转移转化实施细则》。发展种源农业，编制《上海市种源农业发展规划（2017—2025）》，培育国家级"育繁推一体化"种业企业。推进水稻供种体系改革。推进种源渔业发展，鱼类、虾类良种覆盖率分别达到96%和50%。主要农作物耕种收综合机械化率达到89.3%，比2016年提高2.3；2017年新增烘干能力0.3万吨，全市烘干能力达到2万吨，同比增长17.6%。

1.1.4.5　加大农产品质量安全监管力度

2017年，上海市完成农产品质量安全监督抽查970份，总体合格率99.38%；完成兽药质量监督抽检217批次，兽药残留监控计划400批次，监测合格率均为100%。

1.1.4.6　农民收入持续稳定增加

2017年，上海市采取多项措施促进农民收入持续增加，全市农村常住居民人均可支配收入2.78万元，比2016年增加0.23万元，扣除价格因素实际增长7.2%；其中，工资性收入2.02万元，经营净收入0.13万元，财产净收入0.08万元，转移净收入0.53万元；农村常住居民人均消费支出1.80万元，比上年增长6%。

1.1.5　浙江省农业发展现状

2017年，浙江省深化农业供给侧结构性改革，推进高效生态农业强省、特色精品农业大省建设。

[①] 上海市农业委员会. 上海市科技兴农项目立项评审管理办法[EB/OL].（2017-06-13）[2020-10-31]. https://kjc.usst.edu.cn/2018/0730/c819a29749/page.htm.

[②] 上海市农业农村委员会，上海市财政局. 上海市科技兴农项目及资金管理办法[EB/OL].（2019-09-25）[2020-10-31]. http://www.shanghai.gov.cn/nw48293/20200825/0001-48293_63084.html.

1.1.5.1 概况

2017年,浙江省实现农林牧渔业总产值3 093.4亿元(同比增长2.3%),农林牧渔业增加值1 972.8亿元(同比增长2.9%),其中农业增加值、林业增加值、牧业增加值、渔业增加值、农林牧渔服务业增加值分别是1 072.6亿元(比2016年增长4.1%)、122.8亿元(比2016年增长7.7%)、165.6亿元(比2016年下降9.9%)、572.9亿元(比2016年增长3.8%)、38.9亿元(比2016年增长8.7%)。

1.1.5.2 农民收入快速增长

2017年,浙江省农村常住居民人均可支配收入24 955.8元(比2016年增加2 089.7元),扣除价格因素实际比2016年增长7%,收入绝对值仅次于上海市,居全国第二位。其中,工资性收入、经营净收入、财产净收入、转移净收入分别比2016年增长8.8%、8.7%、8.5%、12.2%。城乡居民收入比为2.05∶1(表1.1)。

表1.1 2017年浙江省农村居民人均可支配收入组成　　　　　(单位:元)

项目	工资性收入	经营净收入	财产净收入	转移净收入
金额	15 457.1	6 112.2	717.8	2 668.7
比例	61.94%	24.49%	2.88%	10.69%

1.1.5.3 建设粮食生产功能区和现代农业园区

2017年,浙江省新建粮食生产功能区1 041个,面积3.88万公顷,累计建成粮食生产功能区10 172个,累计面积54.6万公顷,粮食作物耕种收综合机械化率达到72%。累计建成现代农业园区818个,累计面积34.4万公顷。

1.1.5.4 建设现代生态循环农业发展试点省

2016—2017年组织实施区域性现代生态循环农业项目21个,累计验收认定现代生态循环农业主体1 050个。实施化肥农药减量增效行动,推广测土配方施肥217.3万公顷,测土配方技术覆盖率80%以上,推广应用商品有机肥111万吨,水肥一体化3.8万公顷,减少不合理化肥使用量2.17万吨(折纯)。病虫害统防统治面积51.9万公顷，农药减量技术应用面积110.5万公顷，高效环保农药普及率达85%以上，农药使用量比2016年减少605吨（折百）。2017年回收农药废弃包装物4 445吨。推广新型农作制度，其中水旱轮作模式9.81万公顷，旱地多熟和园地套种模式10.02万公顷，稻田、"四园"立体种养模式2.95万公顷。2017年沼液资源化利用量861万吨，秸秆综合利用量950.82万吨。

1.1.5.5 建设畜牧业绿色发展示范省

2017年，浙江省完成保留规模场"一场一策"整治验收，线上视频防控设施建设，建立线上线下联动防控机制，基本完成散养生猪和规模水禽场整治任务。

1.1.5.6 建设农产品质量安全示范省

2017年，浙江省完成省级农产品质量安全放心县创建21个。农业标准化生产率在63%以上。浙江省本级抽检各类农产品13 589批次，总体合格率98.8%（比2016年提高0.1个百分点）。

1.1.5.7 建设现代林业经济发展试验区

2017年，浙江省林业经济总产值达到5 650亿元（比2016年增长10.3%）。现有林地面积660.95万公顷，含森林面积607.82万公顷，森林覆盖率为61.17%（比2016年提高0.21个百分点）。2017年，完成造林更新面积1.91万公顷，新植珍贵树2 445.4万株，完成平原绿化面积1.11万公顷，平原林木覆盖率为20.01%，完成森林抚育补贴面积2.77万公顷。

1.1.5.8 建设海洋渔业可持续发展试点省

2017年，浙江省水产品总产量594.5万吨（比2016年增长1.73%），包括海水产品产量472.4万吨（比2016年增长0.49%），淡水产品产量122.1万吨（比2016年增长6.84%），渔业经济总产值2 285.3亿元（比2016年增长2.3%）。初级水产品质量安全抽检合格率达99.9%。

1.1.5.9 农业科技支撑能力进一步加强

浙江省现有国家级农业科技园区6个、省级农业科技园区12个。个人科技特派员1 279名（含省派335名、市县派944名）；团队科技特派员125个；事业法人科技特派员19个。持证种子经营企业77家（含省部级发证的企业17家），注册资本500万元及以上的企业48家，取得全国种子经营许可证的企业5家。拥有省级以上新品种区试站15个，稻、麦、油菜良繁基地8 026.7公顷，设施大棚291.91万个，设施栽培面积24.82万公顷。

1.1.5.10　耕地保护和农田水利建设

浙江省划定永久基本农田159.87万公顷、永久基本农田示范区66.88万公顷。浙江省财政耕地保护补助资金6.36亿元，完成垦造耕地1.07万公顷，水田建设（含旱地改造为水田）1.47万公顷，建设高标准农田14.08万公顷。浙江省累计建成水库（不含部队水库）4 318座、堤防（含海塘）3.81万千米、水闸1.3万余座、万亩以上灌区208处、机电排灌泵站5.5万余座和万立方米以上山塘2万余座。

1.1.6　江苏省农业发展现状

2017年，江苏省紧密围绕推进农业供给侧结构性调整，农业综合产能稳步提升，发展动能加快转换，农民收入持续稳定增长。

1.1.6.1　概况

2017年，江苏省完成农林牧渔业增加值4 314.5亿元（同比增长2.5%），农村居民人均可支配收入19 158元（同比增长8.8%），增速连续8年高于城镇居民，城乡居民收入比由上年的2.43∶1缩小到2.28∶1。江苏省17个国家现代农业示范区在农业部监测中，全部达到国家农业现代化监测标准，获得4项第一。

1.1.6.2　粮食、畜牧业和渔业生产

2017年，江苏省粮食总产量3 610.8万吨，平均产量6 547.5千克/公顷，连续12年保持在6 000千克以上。全省南粳、苏香粳系列等优质食味稻米面积约53万公顷，占水稻播种面积的23%以上。2017年，江苏省猪肉产量214.3万吨（比2016年下降1%），禽蛋产量183.4万吨（比2016年下降13.1%），牛奶产量49万吨（比2016年增长1.45%）；年末生猪存栏1 640.3万头（同比下降3%），家禽存栏

29 550.3万只（同比下降1.9%），羊存栏398.5万只（同比下降1.4%）。2017年，江苏省水产养殖面积63.2万公顷（同比下降1.15%），水产品总产量507.6万吨（下降0.12%）；渔业经济总产值3 221.6亿元（同比增长6.65%）。

1.1.6.3 农业科技创新与推广

2017年，江苏省农业科技进步贡献率达到67%。引领现代农业产业发展，建设南京国家现代农业产业科技创新示范园区。建设水稻等14个江苏省现代农业产业技术体系，组织89个产业技术创新团队开展产业共性关键技术集成攻关，落实125个推广示范基地，构建成果对接转化快捷通道。发布50项重大农业技术（稻麦绿色增产攻关模式与配套技术等），组织全省2.4万名农技推广人员进村入户、入企入棚，新建省级农业科技综合示范基地23个，加快农业新品种、新技术、新模式的推广应用。

1.1.6.4 农业物质技术装备

2017年，江苏省共实施中央和省级农机购置补贴资金12.78亿元，其中，大中型拖拉机、联合收割机、水稻插秧机、粮食烘干机、高效植保机保有量分别为18万台、17.5万台（套）、14.6万台、2.5万台、9.1万台。粮食生产全程机械化全省整体推进比例超过56%，全省主要农作物耕种收综合机械化率达到83%。稻麦秸秆机械化还田面积为298.7万公顷（还田率超过65%），粮食产地烘干能力达50%。江苏省在5个县（市、区）试点开展设施农业"机器换人"和绿色环保农机装备与技术示范应用项目，在徐州等10个市开展新增千亿斤（1斤=500克，全书同）粮食产能规划田间工程高标准粮田项目建设。2017年，江苏省共有农业综合开发县（市、区）77个，完成各级财政投资36.56亿元。国家和省级各类土地治理项目共改善农田基础设施16.7万公顷（表1.2）。

表1.2 2017年江苏省农田基础设施改善情况　　　　（单位：万公顷）

项目	高标准农田	丘陵山区	黄河故道	沿海滩涂已围垦区	沿江高沙土	采煤塌陷地
面积	12.9	1.2	1.3	0.7	0.4	0.2

1.1.6.5 "互联网+"现代农业

2017年,江苏省农业信息化覆盖率达到60.2%,规模设施农业物联网技术应用面积比例15.6%,农产品网络营销额为364亿元,在知名电商平台开设地方特产馆85个。新建的全国、省级农业农村信息化示范基地分别为5个、222个,4家单位入选全国农业农村大数据实践案例。

1.1.6.6 创意休闲农业

2017年,江苏省创建全国休闲农业和乡村旅游示范县(市、区)20个,示范点24个。创建全国休闲农业与乡村旅游星级示范企业(园区)180家、中国美丽休闲乡村23个,新增中国重要农业文化遗产2项,全省累计已达4项。培育江苏省休闲观光农业示范村71个、江苏省主题创意农业园区101个,全省规模休闲农业园区景点达到8 500个以上,年接待游客量1.5亿人次,综合收入超420亿元,休闲农业从业人员约100万人(其中,农民约92.3万人)。

1.1.6.7 农产品质量安全与品牌创建

2017年,江苏省地产蔬菜、畜禽产品例行监测合格率分别为98.8%、99.8%。首次出台并组织实施《江苏省农产品品牌目录制度》,发布名单574个(2017年)。江苏省新增"三品一标"农产品4 105个,累计有效数已达17 095个(含无公害农产品14 900个、绿色食品2 041个、有机食品105个和地理标志农产品49个)。

1.1.6.8 农业绿色发展

2017年,江苏省在江阴市等10个县(市、区)整县推进生态循环农业建设。2017年全省秸秆综合利用率达92%。高效低毒低残留农药使用面积比例82.5%,生物、物理等绿色防控技术覆盖率为28%;建成省级绿色防控示范区169个,统防统治服务组织日作业能力55.3万公顷。江苏省建立化肥减量增效示范片494个,全省化肥使用量较2015年下降5.05%,全省测土配方施肥技术推广面积523.3万公顷次,技术覆盖率达到88.5%。

1 区域农业发展概况

1.1.6.9　新兴主体培育

江苏省合作社达到8.95万家,农户入社比例达到78.4%。省级龙头企业总数达675家,销售额超过8 200亿元(同比增长8.1%),带动农户数近1 300万户(同比增长5%)。

1.1.6.10　农村改革创新

江苏省承包地流转率达60%,农村集体产权制度改革中完成社会股份合作制改革的村(居)7 400个,实现全省设区市全覆盖。

1.2　区域农业基本情况

1.2.1　农业总产值情况

2017年,全国国内生产总值827 121.7亿元[①],其中农林牧渔业总产值共计109 331.7亿元,比例13.22%。京津冀和长三角地区中,河北省的农林牧渔业总产值比例地区生产总值最高,为15.80%,其次是江苏省(8.34%),上海市最低(0.96%),不足1%。

北京市、天津市、河北省、上海市、浙江省、江苏省的农林牧渔业总产值比例全国农林牧渔业总产值分别是0.28%、0.35%、4.91%、0.27%、2.83%、6.55%,江苏省和河北省均大于全国平均水平。长三角地区农林牧渔业总产值整体大于京津冀地区,但京津冀地区农林牧渔业总产值在地区生产总值中的比例高于长三角地区。

从产业构成看,河北省和京津冀农林牧渔业总产值构成与全国农林牧渔业总产值构成相似,其中农业比例53%左右,牧业为30%左右,林业为4%左右。京津冀地区和长三角地区具有较鲜明的地域特色,比如,北京市农业总产值比例较低,不足45%,但北京市林业和牧业比例略高,分别约为19%和33%;浙江省渔业比例较高,约为32%(图1.1)。

---

① 国家统计局. 中国统计年鉴[M]. 北京:中国统计出版社,2018.

京津冀和长三角地区农业发展水平测度

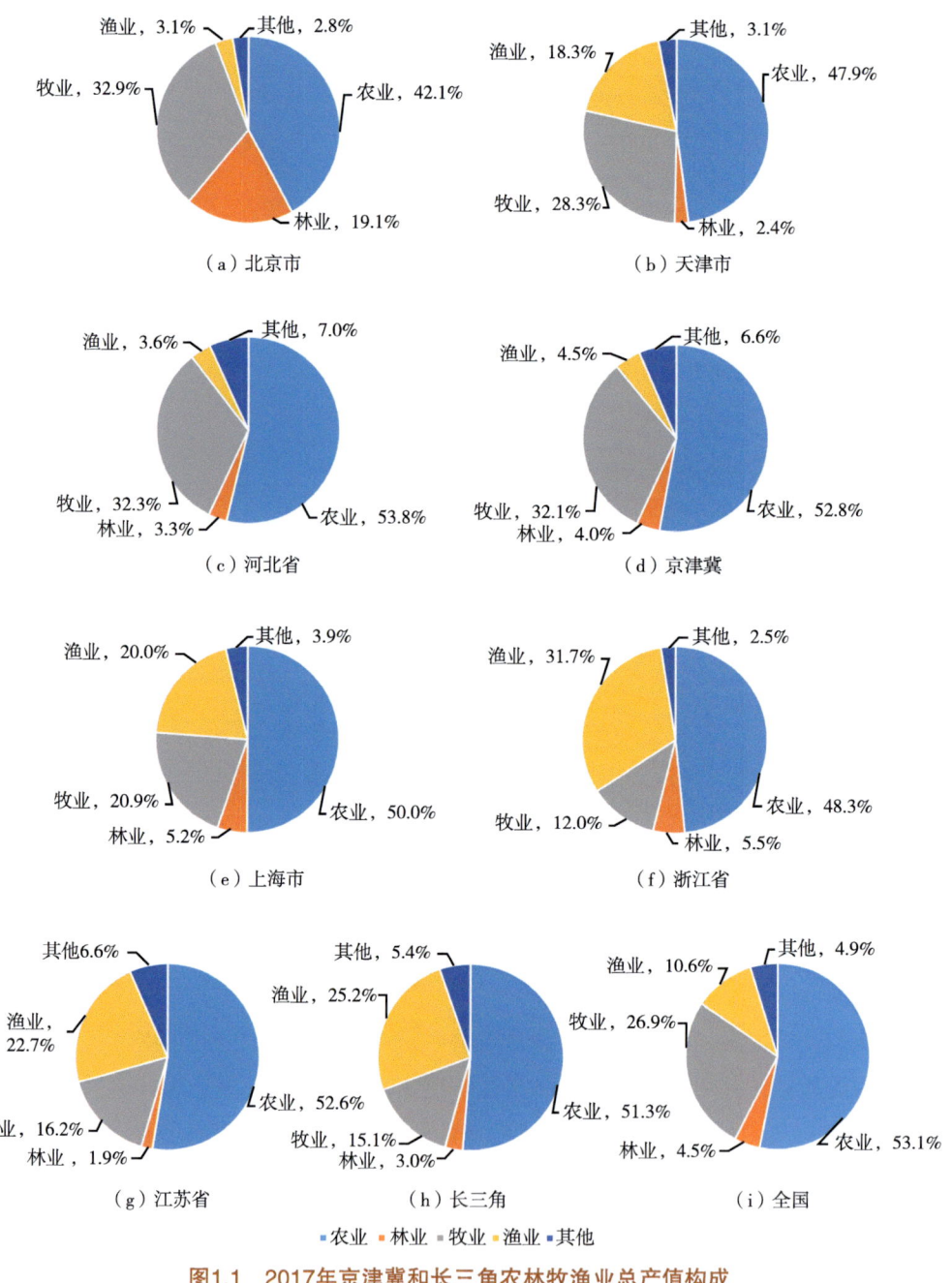

图1.1　2017年京津冀和长三角农林牧渔业总产值构成

（数据来源：《中国农业年鉴2018》）

从农林牧渔业总产值的分项看，京津冀地区排在前三位的是蔬菜园艺、谷物和猪饲养，长三角地区排在前三位的是蔬菜园艺、内陆水产品和谷物，两个地区均包括蔬菜园艺和谷物，但是产值排序不同。江苏省、河北省和浙江省的蔬菜园艺产值均高于全国平均水平；河北省和江苏省的谷物产值、猪饲养产值均高于全国平均水平；江苏省和浙江省的内陆水产品产值均高于全国平均水平（表1.3）。

表1.3 2017年京津冀和长三角农林牧渔业分项产值　　　　　　　　（单位：亿元）

区域名称	农业产值	谷物及其他作物	谷物	油料	棉花	糖料	烟草	蔬菜园艺	其他作物
全国	58 059.8	22 527.5	14 738.5	1 934.9	811.6	658.3	588	21 546.1	12 129.5
北京市	129.8	9.7	7.3	0.5	—	—	—	69	49.8
天津市	183.2	55.6	47.2	1.1	1.4	—	—	89.3	38.2
河北省	2 890.6	1 063	737.8	65.6	46.2	2.6	0.2	1 238.9	489.2
京津冀	3 203.6	1 128.3	792.3	67.2	47.6	2.6	0.2	1 397.2	577.2
上海市	146.4	33.8	29.9	0.3	—	0.1	—	77.4	34.3
浙江省	1 494.5	228.7	152	21	1.6	5.6	0.3	753.1	454
江苏省	3 764.7	1 338.4	1 134.3	60.5	19.7	1.4	—	1 993.2	416.1
长三角	5 405.6	1 600.9	1 316.2	81.8	21.3	7.1	0.3	2 823.7	904.4

区域名称	牧业产值	牲畜饲养	牛	羊	奶产品	猪饲养	家禽饲养	捕猎	其他畜牧业
全国	29 361.2	7 702.8	3 132.8	2 309.9	1 347.3	12 966.1	7 329.9	41.8	1 320.6
北京市	101.4	29.8	10	5.5	13.5	43.4	26.4	—	1.8
天津市	108	41.7	17.3	4.6	19.4	44.6	21.3	—	0.4
河北省	1 735.8	549.9	267.5	150.4	123.1	637.4	395.8	—	152.7
京津冀	1 945.2	621.4	294.8	160.6	156	725.4	443.5	—	154.9
上海市	61.2	19.4	0.1	2.4	16.1	32.9	8.4	—	0.4
浙江省	371.3	26.8	4.3	12.4	7.5	221.1	75.6	2.5	45.3
江苏省	1 158	95.2	12.5	56.3	22.6	508.9	417.4	1.2	135.2
长三角	1 590.5	141.4	16.9	71.1	46.2	762.9	501.4	3.7	180.9

(续表)

区域名称	渔业产值	海水产品	其中养殖	内陆水产品	其中养殖	林业产值	林木培育和种植	竹木采运	林产品
全国	11 577.1	5 508.3	2 325	6 068.7	4 994.6	4 980.6	2 060	1 227.5	1 693.1
北京市	9.6	1.2	—	8.4	—	58.8	57.5	1.3	—
天津市	69.8	20.6	5.1	49.2	43.9	9	7.9	1.1	—
河北省	195.9	139.5	85.6	56.4	48.3	175.5	141.7	4.8	29
京津冀	275.3	161.3	90.7	114	92.2	243.3	207.1	7.2	29
上海市	58.4	21	—	37.4	36.9	15.3	15	0.2	0.2
浙江省	979.3	734.6	199.2	244.7	222	170.2	6.7	40.4	123.1
江苏省	1 623.4	478.4	258.3	1 145	1 019.1	136.7	97.8	25.2	13.8
长三角	2 661.1	1 234	457.5	1 427.1	1 278	322.2	119.5	65.8	137.1

数据来源：《中国农业年鉴2018》。

1.2.2 农业增加值情况

表1.4展示了2017年京津冀、长三角及全国农林牧渔业增加值和生产总值情况。可以看出：北京市、天津市、河北省、上海市、浙江省、江苏省农林牧渔业增加值占生产总值的比例在0.38%～9.69%。上海市和北京市比例最低，不足0.5%，河北省最高，为9.69%，且高于全国平均水平。

2017年，全国农林牧渔业增加值共计64 660亿元，北京市、天津市、河北省、上海市、浙江省、江苏省的农林牧渔业增加值比例分别是0.19%、0.27%、5.10%、0.18%、3.05%、6.67%，江苏省和河北省均大于全国平均水平。长三角地区农林牧渔业增加值整体大于京津冀地区。

表1.4 2017年京津冀和长三角农林牧渔业增加值　　（单位：亿元）

区域名称	国内/地区生产总值	农林牧渔业增加值比例	农林牧渔业增加值				
			农林牧渔业增加值	农业增加值	林业增加值	牧业增加值	渔业增加值
全国	827 121.7	7.82%	64 660	37 426.5	3 254	14 404.8	7 014.3
北京市	28 014.94	0.44%	122.8	59	28.8	29.2	3.4
天津市	18 549.19	0.94%	174	95.1	4.4	39.8	29.7
河北省	34 016.32	9.69%	3 297.8	2 014.6	114.6	878.7	122.1
京津冀	80 580.45	4.46%	3 594.6	2 168.7	147.8	947.7	155.2
上海市	30 632.99	0.38%	115.1	62.5	5.1	20.9	22.3
浙江省	51 768.26	3.81%	1 972.8	1 072.6	122.8	165.6	572.9
江苏省	85 869.76	5.02%	4 314.5	2 603.6	77	472.5	892
长三角	168 271.01	3.80%	6 402.4	37 38.7	204.9	659	1 487.2

数据来源：《中国农业年鉴2018》《中国统计年鉴2018》。

1.2.3 农业资源情况

京津冀和长三角6个省市中，河北省的农业用地和耕地面积均是最高的；浙江省农业用地面积排名第二，其中主要是林地面积居多（65.64%）；江苏省农业用地面积排名第三，其中耕地面积居多（70.68%）。2017年，京津冀地区农业用地面积共14 903.2千公顷，其中耕地面积7 169.36千公顷，占农业用地的48.11%，这一比例明显高于全国平均水平（20.92%）；长三角地区农业用地面积共15 372.7千公顷，其中耕地面积6 741.98千公顷，占农业用地的43.86%，这一比例也是明显高于全国平均水平。2017年人均耕地面积，上海市最低，仅为0.008公顷/人，河北省最高，达0.087公顷/人，但仍未达到全国平均水平0.097公顷/人（表1.5）。

表1.5 2017年京津冀和长三角农用土地面积

(单位：千公顷)

区域名称	土地总面积	农业用地	耕地	园地	林地	牧草地	其他农业用地	农业用地占土地面积比例	耕地占农业用地比例	人均耕地面积（公顷/人）
全国	963 405.7	644 863.6	134 881.2	14 214.2	252 801.9	219 320.3	23 646	66.94%	20.92%	0.097
北京市	1 641	1 146.7	213.73	132.8	744.473	0.19	55.53	69.88%	18.64%	0.01
天津市	1 191.69	692.1	436.75	29.61	54.73	—	171.04	58.08%	63.11%	0.028
河北省	18 769.3	13 064.4	6 518.87	832.25	4 596.35	401.02	715.89	69.61%	49.90%	0.087
京津冀	21 601.99	14 903.2	7 169.36	994.67	5 395.56	401.21	942.47	68.99%	48.11%	0.064
京津冀比例	2.24%	2.31%	5.32%	7.00%	2.13%	0.18%	3.99%	—	—	—
上海市	634.05①	313.4	191.6	16.47	46	0	59.33	49.43%	61.14%	0.008
浙江省	10 550②	8 588.9	1 977.04	574.27	5 637.81	0.34	399.46	81.41%	23.02%	0.035
江苏省	10 720③	6 470.4	4 573.34	297.23	256.18	0.09	1 343.56	60.36%	70.68%	0.057
长三角	21 904.05	15 372.7	6 741.98	887.97	5 939.99	0.43	1 802.35	70.18%	43.86%	0.042
长三角比例	2.27%	2.38%	5.00%	6.25%	2.35%	0.00%	7.62%	—	—	—

数据来源：《中国国土资源统计年鉴2018》《中国统计年鉴2019》《北京市统计年鉴2019》《天津市统计年鉴2019》《河北省农村统计年鉴2019》《上海市统计年鉴2019》《江苏省统计年鉴2019》《浙江省统计年鉴2019》。

① 上海市人民政府. 走进上海-上海概览[EB/OL]. [2020-12-13]. http://www.shanghai.gov.cn/shanghai/newshanghai/%E4%B8%8A%E6%B5%B7%E6%A6%82%E8%A7%88.pdf.
② 浙江省人民政府. 了解浙江-浙江印象-自然地理[EB/OL]. (2020-10-15) [2020-12-13]. http://www.zj.gov.cn/art/2020/10/15/art_122939 8249_59024806.html.
③ 江苏省人民政府. 走进江苏-自然地理[EB/OL]. (2020-03-24) [2020-12-13]. http://www.jiangsu.gov.cn/col/col31361/index.html.

2017年，全国水资源总量为28 761.2亿立方米，京津冀和长三角6个地区水资源总量均低于全国平均水平。全国人均水资源量2 074.53立方米/人，京津冀平均为161.02立方米/人，不足全国平均水平的10%，长三角平均为821.01立方米/人，占全国平均水平的39.58%。全国人均用水量435.91立方米/人，京津冀平均为221.04立方米/人，长三角平均为543.69立方米/人。京津冀和长三角6个地区中，浙江省人均水资源量最高，为1 592.07立方米/人；江苏省人均用水量最高，为737.84立方米/人；江苏省农业用水量最高，为280.6亿立方米；河北省农业用水总量比例最高，为69.44%（表1.6）。

表1.6 2017年京津冀和长三角水资源情况　　（单位：亿立方米，立方米/人）

区域名称	水资源总量	人均水资源量	用水总量	农业用水总量	农业用水总量比例	工业用水总量	生活用水总量	生态用水总量	人均用水量
全国	28 761.2	2 074.53	6 043.4	3 766.4	62.32%	1 277	838.1	161.9	435.91
北京市	29.8	137.21	39.5	5.1	12.91%	3.5	18.3	12.7	181.88
天津市	13	83.36	27.5	10.7	38.91%	5.5	6.1	5.2	176.33
河北省	138.3	184.53	181.6	126.1	69.44%	20.3	27	8.2	242.3
京津冀	181.1	161.02	248.6	141.9	57.08%	29.3	51.4	26.1	221.04
京津冀比例	0.63%	7.76%	4.11%	3.77%	—	2.29%	6.13%	16.12%	50.71%
上海市	34	140.56	104.8	16.7	15.94%	62.7	24.6	0.8	433.26
浙江省	895.3	1 592.07	179.5	80.9	45.07%	46.1	47	5.5	319.2
江苏省	392.9	490.27	591.3	280.6	47.45%	250.1	58.5	2.1	737.84
长三角	1 322.2	821.01	875.6	378.2	43.19%	358.9	130.1	8.4	543.69
长三角比例	4.60%	39.58%	14.49%	10.04%	—	28.10%	15.52%	5.19%	124.73%

数据来源：国家统计局-水资源，国家统计局-资源与环境-供水用水情况，https: //data.stats.gov.cn/easyquery.htm?cn=E0103，https: //data.stats.gov.cn/easyquery.htm?cn=C01。

1.2.4 农业人口及就业情况

2017年，京津冀和长三角地区乡村人口分别为3 942万人和4 616万人，分别占常住人口的35.06%和28.66%，均低于全国的41.48%；其中河北省乡村人口比例最高，为44.99%，高于全国水平3.51个百分点，上海市、北京市和天津市相对较低，乡村人口比例均不足20%。从农业就业人员占总就业人员的比例看，河北省最高，为32.49%，且高于全国平均水平，其他5个省（市）均低于全国平均水平（表1.7）。

表1.7 2017年京津冀和长三角人口情况 （单位：万人）

区域名称	常住人口	乡村人口	乡村人口比例	就业人员	第一产业就业人员	第一产业就业人员比例
全国	139 008	57 661	41.48%	77 640	20 944	26.98%
北京市	2 170.7	294.1	13.55%	1 246.8	48.8	3.91%
天津市	1 556.87	265.76	17.07%	894.83	62.71	7.01%
河北省	7 519.5	3 383	44.99%	4 206.66	1 366.9	32.49%
京津冀	11 247.07	3 942.86	35.06%	6 348.29	1 478.41	23.29%
上海市	2 418.33	297.45	12.30%	1 372.65	42.44	3.09%
浙江省	5 657	1 810.24	32.00%	3 796	447.9	11.80%
江苏省	8 029.3	2 508.35	31.24%	4 757.8	799.31	16.80%
长三角	16 104.63	4 616.04	28.66%	9 926.45	1 289.65	12.99%

数据来源：《中国统计年鉴2019》《北京市统计年鉴2019》《天津市统计年鉴2019》《河北省经济年鉴2019》《河北省农村统计年鉴2019》《上海市统计年鉴2019》《浙江省统计年鉴2019》《江苏省统计年鉴2019》。

1.2.5 农业产品生产情况

表1.8至表1.10展示了2017年京津冀地区主要农产品产量、占全国产量比例及单产情况。可以看出：

（1）2016年，京津冀有蔬菜、蛋、奶3种产品产量占全国比例超过了10%，其中奶（15.13%），蛋（13.81%），蔬菜（11.06%）。2017年，京津冀仅有蛋、奶2种产品产量占全国比例超过了10%，其中奶最高，为15.17%，其次为蛋

（13.51%）；蔬菜产量占全国比例为7.93%，相较于2016年比例有一定下降；牛出栏量占全国比例为8.49%，相较于2016年比例（7.03%）有一定上升。由此说明，奶、蛋是京津冀地区相对具有优势的农产品，其次是蔬菜和牛出栏量。糖料、茶叶和烟叶比例较低，均未超过1%。2017年，长三角有蔬菜、水产品、人造板、木竹地板4种产品产量占全国比例超过了10%，其中木竹地板最高，比例高达53.61%，其次为人造板（20.29%），第三、第四分别为水产品（17.52%）、蔬菜（11.19%）。由此说明，木竹地板、人造板、水产品、蔬菜是长三角地区相对具有优势的农产品。棉花、糖料、烟叶和牛比例较低，均未超过1%。

（2）京津冀林产品产量比例总体偏低，最高的为人造板（5.63%），木材和锯材比例在1%～1.5%；且林产品中不涉及竹材、木竹地板和松香类产品。长三角林产品较丰富，其产量比例高低不一，最高的为木竹地板，其次是人造板，松香类产品和木材比例相对较低，在1.5%～3%。

（3）8种主要农产品中，京津冀粮食、油料、蔬菜、瓜果4种产品单产高于全国，其中蔬菜超出比例最高，达到55.15%，其次是瓜果（24.42%），第三为粮食（6.68%）；棉花、糖料和烟叶单产低于全国水平，分别为-35.27%、-30.40%和-21.70%。在土地、水资源条件相对缺乏的情况下，单产的提高主要得益于科技的作用。长三角粮食和烟叶2种产品单产高于全国，分别是18.68%和7.94%；棉花、油料、糖料、蔬菜和瓜果单产低于全国水平，分别为-30.88%、-1.74%、-14.52%、-3.14%和-15.29%。

表1.8 2017年京津冀和长三角主要农产品产量占全国比例及单产　（单位：千克/公顷）

区域名称	粮食		棉花		油料		糖料	
	比例	单产	比例	单产	比例	单产	比例	单产
全国	100%	5 607	100%	1 769	100%	2 628	100%	73 619
北京市	0.06%	6 152	0.00%	—	0.02%	2 472	—	—
天津市	0.32%	6 041	0.44%	1 200	0.04%	2 260	—	—
河北省	5.79%	5 751	4.25%	1 090	3.72%	3 279	0.55%	51 238
京津冀	6.17%	5 981	4.69%	1 145	3.78%	2 670	0.55%	51 238
上海市	0.15%	7 494	0.01%	1 024	0.02%	2 357	0.00%	63 528

（续表）

区域名称	粮食		棉花		油料		糖料	
	比例	单产	比例	单产	比例	单产	比例	单产
浙江省	0.88%	5 937	0.11%	1 419	0.77%	2 200	0.33%	65 636
江苏省	5.46%	6 533	0.46%	1 225	2.46%	3 190	0.04%	59 618
长三角	6.49%	6 655	0.58%	1 223	3.25%	2 582	0.37%	62 927

区域名称	茶叶		蔬菜		瓜果		烟叶	
	比例	单产	比例	单产	比例	单产	比例	单产
全国	100%	—	100%	34 629	100%	39 248	100%	2 115
北京市	—	—	0.23%	38 898	0.21%	43 913	0.00%	—
天津市	—	—	0.39%	54 711	0.24%	46 691	0.00%	—
河北省	0.000 2%	—	7.31%	67 575	4.77%	55 894	0.09%	1 656
京津冀	0.000 2%	—	7.93%	53 728	5.22%	48 833	0.09%	1 656
上海市	—	—	0.42%	31 601	0.26%	31 987	0.00%	—
浙江省	7.25%	—	2.76%	29 661	0.35%	28 717	0.06%	2 283
江苏省	0.57%	—	8.01%	39 360	7.63%	39 040	0.00%	—
长三角	7.81%	—	11.19%	33 541	8.25%	33 248	0.06%	2 283

数据来源：《中国农业年鉴2018》。

表1.9　2017年京津冀和长三角主要农产品产量和比例

区域名称	肉（万吨）		蛋（万吨）		奶（万吨）		水产品（万吨）	
	产量	比例	产量	比例	产量	比例	产量	比例
全国	8 654.4	100%	3 096.3	100%	3 148.6	100%	6 445.3	100%
北京市	26.4	0.31%	15.7	0.51%	37.4	1.19%	4.5	0.07%
天津市	36.1	0.42%	19	0.61%	52.1	1.65%	32.3	0.50%
河北省	474.2	5.48%	383.7	12.39%	388.3	12.33%	116.5	1.81%
京津冀	536.7	6.20%	418.4	13.51%	477.8	15.17%	153.3	2.38%
上海市	17.6	0.20%	3.4	0.11%	36.4	1.16%	26.9	0.42%
浙江省	114.7	1.33%	35.9	1.16%	14.3	0.45%	594.5	9.22%

（续表）

区域名称	肉（万吨）		蛋（万吨）		奶（万吨）		水产品（万吨）	
	产量	比例	产量	比例	产量	比例	产量	比例
江苏省	342.3	3.96%	183.4	5.92%	49	1.56%	507.6	7.88%
长三角	474.6	5.48%	222.7	7.19%	99.7	3.17%	1 128.9	17.52%

区域名称	猪（万头）		牛（万头）		羊（万头）		家禽（万只）	
	出栏	比例	出栏	比例	出栏	比例	出栏	比例
全国	70 202.1	100%	4 340.3	100%	30 797.7	100%	1 302 190.6	100%
北京市	242.1	0.34%	8.4	0.19%	64.5	0.21%	3 115.2	0.24%
天津市	297.2	0.42%	19.5	0.45%	55.2	0.18%	6 137.6	0.47%
河北省	3 785.3	5.39%	340.5	7.85%	2 168.9	7.04%	60 637.8	4.66%
京津冀	4 324.6	6.16%	368.4	8.49%	2 288.6	7.43%	69 890.6	5.37%
上海市	189.7	0.27%	1	0.02%	22.4	0.07%	1 272.7	0.10%
浙江省	1 022.4	1.46%	8.8	0.20%	142	0.46%	17 319.9	1.33%
江苏省	2 805.5	4.00%	16.4	0.38%	707.7	2.30%	66 150.9	5.08%
长三角	4 017.6	5.72%	26.2	0.60%	872.1	2.83%	84 743.5	6.51%

数据来源：《中国农业年鉴2018》。

表1.10　2017年京津冀和长三角主要林产品产量和比例

区域名称	木材（万立方米）		竹材（万根）		锯材（万立方米）		人造板（万立方米）	
	产量	比例	产量	比例	产量	比例	产量	比例
全国	8 398.17	100%	272 013	100%	8 602.37	100%	29 485.87	100%
北京市	12.74	0.15%	—	—	—	—	—	—
天津市	14.7	0.18%	—	—	—	—	—	—
河北省	78.7	0.94%	—	—	117.84	1.37%	1 658.61	5.63%
京津冀	106.14	1.26%	—	—	117.84	1.37%	1 658.61	5.63%

（续表）

区域名称	木材（万立方米）		竹材（万根）		锯材（万立方米）		人造板（万立方米）	
	产量	比例	产量	比例	产量	比例	产量	比例
上海市	—	—	—	—	—	—	—	—
浙江省	95.99	1.14%	20 826	7.66%	349.49	4.06%	550.58	1.87%
江苏省	140.71	1.68%	214	0.08%	324.11	3.77%	5 433.38	18.43%
长三角	236.7	2.82%	21 040	7.73%	673.6	7.83%	5 983.96	20.29%

区域名称	木竹地板（万平方米）		松香类产品（吨）	
	产量	比例	产量	比例
全国	82 568	100%	1 664 982	100%
北京市	—	—	—	—
天津市	—	—	—	—
河北省	—	—	—	—
京津冀	—	—	—	—
上海市	—	—	—	—
浙江省	11 108	13.45%	19 000	1.14%
江苏省	33 153	40.15%	9 600	0.58%
长三角	44 261	53.61%	28 600	1.72%

数据来源：《中国农业年鉴2018》。

1.2.6 农业机械拥有情况

2017年，京津冀地区农业机械总动力为8 178.74万千瓦，占全国总动力的8.28%；拥有农业机械2 039.48万台，占全国农业机械总量的5.60%；拥有温室256.69万平方米，占全国温室总面积的12.22%。长三角地区农业机械总动力为7 185.52万千瓦，占全国总动力的7.27%；拥有农业机械2 849.06万台，占全国农业机械总量的7.83%；拥有温室416.21万平方米，占全国温室总面积的19.82%（表1.11）。

表1.11 2017年京津冀和长三角农业机械年末拥有量

项目	全国	北京市	天津市	河北省	京津冀	上海市	浙江省	江苏省	长三角
农业机械总动力（万千瓦）	98 783.35	133.51	464.65	7 580.58	8 178.74	121.84	2 072.27	4 991.41	7 185.52
大中型拖拉机（万台）	670.08	0.69	1.55	31.47	33.71	0.77	1.44	18.03	20.24
小型拖拉机（万台）	1 634.24	0.14	0.18	128.99	129.31	0.23	10.86	71.2	82.29
大中型拖拉机配套农具（万部）	1 070.03	0.9	3.32	59.79	64.01	2.16	2.35	35.34	39.85
小型拖拉机配套农具（万部）	2 931.43	0.28	1.42	168.78	170.48	0.21	12.48	124.79	137.48
种植业机械合计（万台/套）	10 839.66	13.64	29.1	641.55	684.29	8.69	256.6	411.86	677.15
温室（万平方米）	2 099.95	15.74	27.44	213.51	256.69	5.17	49.59	361.45	416.21
农产品初加工动力机械（万台）	1 586.13	0.49	2.28	93.38	96.15	0.26	19.13	26.09	45.48
农产品初加工作业机械（万台/套）	1 474.95	0.48	0.62	48.18	49.28	0.26	50.78	23.53	74.57
畜牧养殖机械（万台/套）	763.49	1.25	0.73	15.3	17.28	0.16	4.75	16.35	21.26
渔业机械（万台）	442.5	1.23	5.87	6.16	13.26	3.39	28.46	100.88	132.73
林果业机械（万台）	46.32	0.48	0.03	0.43	0.94	0.09	4.1	2.27	6.46
农用基本建设机械（万台）	50.21	0.07	0.34	3.36	3.77	—	2.68	8.87	11.55
农田基本建设机械（万台）	14 883	—	29	748	777.00	40	299	1 261	1 600.00

数据来源：《中国农业年鉴2018》。

1.2.7 农村居民人均可支配收入

2017年，京津冀和长三角地区整体的农村居民人均可支配收入排名靠前，在全国内地31个省（区、市）农村居民人均可支配收入的排名中（未包括香港特别行政区、澳门特别行政区和台湾省的数据），前5名分别是上海市、浙江省、北京市、天津市和江苏省。2017年，京津冀和长三角6个省市的农村居民人均可支配收入均高于2016年，除河北省外，其他5个地区的农村居民人均可支配收入均高于全国平均水平（表1.12）。

表1.12 2017年京津冀和长三角农村居民人均可支配收入 （单位：元）

区域名称	农村居民人均可支配收入（2017年）	2017年比2016年增加
全国	13 432.4	1 069
北京市	24 240.5	1 931
天津市	21 753.7	1 678
河北省	12 880.9	961.6
京津冀	14 326.27	1 082.20
上海市	27 825	2 304.6
浙江省	24 955.8	2 089.7
江苏省	19 158	1 552.4
长三角	21 990.18	1 811.58

数据来源：《中国农业年鉴2018》。

1.3 区域农业科技现状

1.3.1 农业专业技术人员情况

2017年，全国农林牧渔业公有经济企事业单位共有专业技术人员103.3万人，占当年企事业单位专业技术人员的3.28%，京津冀和长三角6个地区中河北省这一比例最高，但仍低于全国0.47个百分点，为2.81%；其次是江苏省公有经济企事业单位专业技术人员中农业技术人员是25 974人，占专业技术人员总数的2.18%；浙江省企事业单位专业技术人员中农林牧渔业共有20 087人，占专业技术人员总数的1.92%（表1.13）。

表1.13　2017年京津冀和长三角公有经济企事业单位分行业专业技术人员

区域名称	总计	农林牧渔业	农林牧渔业比例
全国（万人）	3 148.5	103.3	3.28%
北京市（人）	548 938	4 088	0.74%
天津市（人）	415 416	4 423	1.06%
河北省（人）	1 211 116	33 980	2.81%
京津冀（人）	2 175 470	42 491	1.95%
上海市（人）	713 278	3 915	0.55%
浙江省（人）	1 047 049	20 087	1.92%
江苏省（人）	1 193 427	25 974	2.18%
长三角（人）	2 953 754	49 976	1.69%

数据来源：《中国科技统计年鉴2018》《天津市统计年鉴2018》《河北省经济年鉴2018》《浙江省统计年鉴2018》。

1.3.2　研发机构及R&D人员情况

从研发机构服务的国民经济行业看，全国在农林牧渔业拥有研发机构1 158家，占全国全部研发机构的比例最高，为32.65%。全国在农林牧渔业的R&D人员有57 089人，占全国全部R&D人员的比例是12.35%，R&D研发经费内部支出为182.6亿元，占全国全部R&D研发经费内部支出的比例是7.50%，均排名第三，仅次于制造业与科学研究和技术服务业。全国在农林牧渔业的R&D课题数为22 481个，占全国全部R&D课题数的比例是19.99%，排名第二，仅次于科学研究和技术服务业。从学科分布看，全国在农学学科中的R&D课题数也是最多的，为17 564个；投入人员29 266人年（排名第三），投入经费64.17亿元（排名第六）。可以看出，全国农林牧渔业研发机构众多，R&D课题数较多，但R&D人员、R&D研发经费内部支出或投入经费相对不高，具体到京津冀和长三角地区，情况则各有不同。

以北京市为例，2017年，在自然科学、农业科学、医药科学、工程与技术科学、人文与社会科学五大学科中，北京市农业科学单位内部开办研发机构的数量和比例均为最低，分别为86家和3.54%；R&D人员数量为6 329人，比2016年增加了273人，增加了约4.5%，但仍低于2015年（6 361人）；R&D经费支出约为28.72亿元，仅高于人文与社会科学，且比2016年减少了9.14%。但从项目（课题）服务的国民经济行业看，农林牧渔业又相对占有优势，2016年和2017年连续两年在20个行业中均排名第5位，其中，2017年北京市服务于农林牧渔业的R&D项目（课题）数和经费内部支出分别达到7 823项和24.25亿元[①]。

1.3.3 农业教育情况

表1.14展示了2017年京津冀和长三角地区农业教育情况。从已收集数据中可以看出，京津冀农业教育体系完善，包括从研究生教育、高等学校本专科和中等职业教育三级。京津冀地区高等学校本专科毕业生数、招生数、在校学生数在全国比例在10%~11%，分别为10.8%、10.5%和11.0%。北京市在农学研究生、高等学校本专科培养方面优势明显，比如北京市2017年在校研究生4 315人，为河北省的2.27倍，天津市的7.14倍。长三角地区高等学校本专科毕业生数、招生数、在校学生数在全国比例在17%~21%，分别为20.80%、17.43%和20.03%。江苏省在高等学校本专科培养方面优势明显。

表1.14 2017年京津冀和长三角农业教育情况 （单位：人）

项目		全国	北京市	天津市	河北省	京津冀	上海市	浙江省	江苏省	长三角
农林院校数（所）		—	4	1	—		2			
农学研究生情况	毕业生	20 770	1 097		538		—			
	招生数	34 317	1 396		794		—			
	在校学生数	120 119	4 315	604	1 904	6 823	—			
高等学校本专科	毕业生数	177 803	9 374	2 883	6 981	19 238	4 216	8 219	24 545	36 980
	招生数	192 946	9 376	2 623	8 298	20 297	4 151	7 676	21 801	33 628
	在校学生数	650 898	35 741	8 578	27 213	71 532	15 256	30 728	84 392	130 376
	教职工数	—	6 697	960	—		1 522			

---

① 北京市统计局.北京统计年鉴[M].北京：中国统计出版社，2018.

(续表)

	项目	全国	北京市	天津市	河北省	京津冀	上海市	浙江省	江苏省	长三角
中等职业教育	毕业生数	—	472	1 879	21 949	24 300	—	—	—	—
	招生数	—	147	1 269	17 202	18 618	—	—	—	—
	在校学生数	—	796	3 782	49 258	53 836	—	—	—	—

注：①高等学校本专科含本科和专科，本科数据为农业和林业院校或农学，专科数据为农林牧渔大类、食品药品与粮食大类之和。②中等职业教育含中专和职高，数据为农林牧渔类、轻纺食品类之和。

数据来源：《中国科技统计年鉴2018》《北京市统计年鉴2018》《天津市统计年鉴2018》《河北省经济年鉴2018》《上海市统计年鉴2018》《中国教育统计年鉴2017》。

1.4　京津冀和长三角地区农业发展概况总结

京津冀地区包括北京市、天津市和河北省，处于中纬度亚欧大陆的东岸。气候属于温带半湿润半干旱大陆性季风气候，四季分明；河流较多，以外流河为主；土壤类型较多，褐土分布最广，潮土次之，棕壤第三。长三角地区包括上海市、江苏省和浙江省，其气候主要属于亚热带季风气候，气候温和湿润、四季分明、光照充足、雨热同期、降水充沛、热量丰富；河湖众多，水网密布；土壤类型多样，上海市土壤主要由水稻土、潮土和滨海盐土构成，浙江省的主要土壤类型有水稻土、红壤、潮土和滨海盐土，江苏省的主要土壤类型包括褐土、棕壤、黄棕壤、黄壤、盐渍土和草甸土。近年来，京津冀地区和长三角地区在由传统农业向现代农业转型升级的过程中，在发展都市型农业、设施农业、生态农业、智慧农业、休闲农业、"互联网+"现代农业等方面均取得了显著成绩，这其中农业科技的创新发挥了重要作用。

经调研分析，京津冀和长三角地区的农业基本情况具备以下6个方面的特点。

（1）长三角地区农林牧渔业总产值整体大于京津冀地区，但京津冀地区农林牧渔业总产值在地区生产总值中的比例高于长三角地区；河北省的农林牧渔业总产值比例地区生产总值最高；江苏省农林牧渔业比例占全国农林牧渔业总产值最高，且江苏省和河北省均大于全国平均水平。

（2）长三角地区农林牧渔业增加值整体大于京津冀地区，江苏省和河北省均大于全国平均水平；河北省农林牧渔业增加值占生产总值的比例最高且高于全国平均水平。

（3）河北省农业用地和耕地面积均最高；京津冀与长三角地区整体耕地占农业用地比例高，但人均耕地面积均低于全国平均水平。六地水资源总量、五地用水总量、四地农业用水量均低于全国平均水平。

（4）河北省乡村人口和农业就业人员比例高于全国平均水平，其他5个省（市）乡村人口和农业就业人员比例均低于全国平均水平。

（5）奶、蛋是京津冀相对具有优势的农产品；京津冀粮食、油料、蔬菜、瓜果4种产品单产高于全国。木竹地板、人造板、水产品、蔬菜是长三角地区相对具有优势的农产品；长三角粮食和烟叶2种产品单产高于全国。京津冀与长三角地区温室面积比例较大。

（6）京津冀和长三角地区整体的农村居民人均可支配收入排名靠前，在全国内地31个省（区、市）农村居民人均可支配收入的排名中，前5名分别是上海市、浙江省、北京市、天津市和江苏省。

经调研分析，京津冀和长三角地区的农业科技发展现状具备以下3个方面的特点。

（1）京津冀和长三角地区农业专技人员比例相对较低。

（2）全国农林牧渔业研发机构众多，R&D课题数较多，但R&D人员、R&D研发经费内部支出或投入经费相对不高。

（3）京津冀农业教育体系完善，北京市在农学研究生培养方面优势明显。长三角地区高等学校本专科毕业生数、招生数、在校学生数在全国比例分别为20.80%、17.43%和20.03%，江苏省在高等学校本专科培养方面优势明显。

整体来看，京津冀和长三角地区的农业土地、水资源等条件相对匮乏，其农产品单产的提高主要得益于科技的作用。此外，京津冀和长三角地区也拥有雄厚的农业科研力量，为其农业科技的发展奠定了坚实的基础。

2 区域农业科技竞争力对比分析

2.1 科技竞争力分析模型概述

竞争力是参与者双方或多方的一种角逐或比较而体现出来的综合能力。开展农业科技竞争力评价有利于摸清一个国家/地区/机构的农业科技发展现状、发展态势和竞争态势，从而有的放矢地提出提高农业科技竞争力的思路和对策，完善区域农业科技创新体系和政策体系[①]。一个地区产出科学文献的数量和质量是对科学技术水平的一种量度，根据科学文献的内容构成和数量的变化规律，可以归纳总结、分析或评价科学技术的历史和现状，以及预测整个科学系统的发展趋势和发展规律[②]。因此，基于文献计量分析客观认识和科学评价区域农业的竞争力水平，有助于促进区域间良性竞争机制的形成，激励产出，进一步有利于整合区域的科技资源，优化配置，完善地区的农业战略发展定位和科技决策。

2.1.1 数据来源

本章节的研究对象为京津冀和长三角2个区域6个省市（北京市、天津市、河北省、上海市、江苏省、浙江省），以发文区域和Web of Science学科类别为检索条件，遴选6省市与农业最相关的7个分类（植物科学，食品科学与技术，农艺学，农业、多学科，农业工程，农业、制奶业和动物科学，农业经济学和政策），分别统计2个区域和6个省市2010—2020年在农业领域的SCI和CPCI论文产出数据，并采用情报分析文献计量法综合评估京津冀和长三角和各省市的综合农业科技竞争力。

---

① 陈丽佳，周海涛，翁锦玉. 地区农业科技竞争力指标评价体系构建研究[J]. 科技管理研究，2008（7）：144-146.

② 邱均平. 信息计量学概论[M]. 武汉:武汉大学出版社，2019.

Web of Science核心合集数据库是目前国际上最具权威性的、用于基础研究和应用基础研究成果评价的重要评价体系。几十年来，Web of Science核心合集数据库不断发展，已经成为当今世界最为重要的大型数据库，它不仅是一部重要的检索工具书，而且也是科学研究成果评价的一项重要依据，是评价一个国家、一个科学研究机构、一所高等学校、一本期刊，乃至一个研究人员学术水平的重要指标之一。

本章节检索到的SCI和CPCI论文均来自Web of Science平台的核心合集数据库，检索年份为2010—2020年，检索时间为2020年10月28日。需要说明的是由于各省市合作发文的原因，2个地区的论文总量并不等于地区内各省市的论文之和，因此，本章节对于2个地区的论文分析是建立在单独检索并建立数据集的基础上进行的。

2.1.2 分析指标

评价指标是对一个多属性的评价问题不同属性的展示，选择的指标需要从多个角度按照评价者的需求展示评价对象的综合水平。基于各区域的农业科技文献产出，在遵循科学性、全面性、可测性、指导性原则的基础上，构建了科技竞争力分析模型，该模型从学术生产力、学术影响力、学术发展力和科技合作力4个维度对京津冀和长三角共6个省市的科技竞争力开展对比分析，进而评价2个区域的综合科技竞争力。

学术生产力是指竞争主体的科研论文产出能力，主要考量发表论文的数量、论文增长率、论文学科分布等指标。

学术影响力是指竞争主体论文产出的被引情况，彰显了其学术辐射范围和辐射强度，根据发表论文的总被引频次、被引论文比例、篇均被引和被引分布等指标来衡量。

学术发展力体现了竞争主体高质量论文的产出效率，用高质量期刊论文、高被引论文、热点论文和学术综合实力等多个指标来评价，其中学术综合实力由论文产出数量、论文H指数和论文产出效率3个参数计算得出。

科技合作力是指竞争主体与其他竞争主体合作产出科研论文的能力，重点针对核心作者的合作论文比例、合作贡献度和合作强度等指标进行对比分析。

本章节涉及学术发展力中的高质量期刊论文、高被引论文、热点论文、论文的H指数、论文产出效率指标定义如下。

2.1.2.1 高质量期刊论文

高质量期刊论文：在高质量期刊上发表的论文为高质量期刊论文。

本书中定义高质量期刊为在JCR数据库中同时属于期刊分区Q1区和平均期刊影响因子百分位在90%～100%的期刊。

期刊影响因子（Journal Impact Factor）：期刊在过去两年发表的论文在当前JCR年的平均被引次数，简称JIF。

如：期刊《Global Change Biology》，其2017年的影响因子为8.997，计算方式如下：

$$2017影响因子JIF = \frac{2015的论文在2017年被引频次的（3\ 485）+2016的论文在2017年被引频次（2\ 516）}{2015年发表论文数（356）+2016年发表论文数（311）} = \frac{6\ 001}{667} = 8.997$$

期刊分区：JCR将一个学科内收录的SCIE期刊总数分为四等分（Q1～Q4：Quartile in Categary，即4个等级中所处的位置），影响因子排名前25%的为一区，记作Q1，26%～50%为Q2，51%～75%为Q3，76%～100%为Q4。

期刊影响因子百分位（Journal Impact Factor Percentile，简称JIF Percentile）：这一指标将期刊影响因子在某一学科下的排名转化为百分位值，从而使得跨学科的期刊比较变得更有意义。

该指标通过以下公式计算：

$$期刊影响因子百分位 = \frac{N-R+0.5}{N}$$

其中，N为某一学科中的期刊总数；R是某期刊在该学科的影响因子排位数（降序）。

平均期刊影响因子百分位（Average Journal Impact Factor Percentile，简称Average JIF Percentile）：平均期刊响因子百分位考虑了属于多个学科的某一期刊在每个学科下期刊影响因子百分位的总和，然后求得的平均值。

$$\text{Average JIF Percentile} = \frac{\text{期刊影响因子百分位}_1 + \cdots + \text{期刊影响因子百分位}_n}{N}$$

其中，N=归属学科总数

如：期刊《Global Change Biology》，其平均期刊影响因子百分位为

$$\text{Average JIF Percentile} = \frac{99.091 + 97.152 + 98.963}{3} = 97.302$$

2.1.2.2 高被引论文

本书中将超过特定数据集论文被引基线的论文定义为高被引论文，其中竞争主体的论文数据总和为该数据集。

$$\text{被引基线} = \frac{\text{总被引频次}}{\text{发表论文总数}}$$

京津冀地区3个省市共发表论文43 193篇，共被引用579 353次，平均被引次数为579 353/43 193＝13.41≈14，故定义京津冀地区高被引论文基线为14，被引频次大于等于14的论文即为该地区的高被引论文。

长三角地区3个省市共发表论文37 501篇，共被引用505 928次，平均被引次数为505 928/37 501＝13.49≈14，故定义长三角地区高被引论文基线为14，被引频次大于等于14的论文即为该地区的高被引论文。

2.1.2.3 热点论文

本书中将在某数据集最近两年发表的论文被引用超过被引基线的论文定义为该数据集的热点论文，其中竞争主体的论文数据总和为该数据集。

$$\text{热点基线} = \frac{\text{近两年被引频次}}{\text{近两年发表论文数量}}$$

京津冀地区3个省市2018—2020年共发表论文15 850篇，共被引用66 597次，平均被引次数为66 597/15 850＝4.20≈5，故定义京津冀地区热点论文基线为5，被引频次大于等于5的论文即为该地区的热点论文。

长三角地区3个省市2018—2020年共发表论文15 088篇，共被引用68 829次，平均被引次数为68 829/15 088＝4.56≈5，故定义长三角地区热点论文基线为5，被引频次大于等于5的论文即为该地区的热点论文。

2.1.2.4　论文的H指数

H指数（h-index），又称为H因子（h-factor），H代表"高引用次数"（High Citations），是美国科学家赫希（J.E.Hirsch）于2005年提出的一项文献计量指标，它可用于科学工作者个人成就的评价，也可扩展用于一个群体（科研竞争主体、大学、期刊、学科等）的评价。

当评价对象发表的论文中的H篇论文被引次数≥H，且其余论文的被引次数≤H时，此H值即为该评价对象的H指数。

例如，某人的H指数是20，这表示他已发表的论文中，每篇被引用了至少20次的论文总共有20篇。

H指数是根据论文的"质"和"量"两个方面确定的具有创新的指标，既能反映学术论文影响力的大小、又能同时反映重要论文产出数量多少。H指数越高，则表明被评价对象的论文影响力越大。

2.1.2.5　论文产出效率

本书中对论文产出效率做出如下定义：

$$论文产出效率 = \frac{论文产出数量}{竞争主体论文作者数量}$$

其中，竞争主体论文作者数量＝竞争主体发表论文中所有属于该竞争主体的作者数量。

2.1.3　评价标准

2.1.3.1　综合性指标排名依据

学术综合实力排名＝（论文产出数量排名＋论文产出效率排名＋论文H指数排名）/3

合作贡献度排名＝（核心合作高质量期刊论文比例排名＋核心合作高被引论

文比例排名+核心合作热点论文比例排名）/3

合作强度排名＝（核心合作论文数量排名+核心合作论文比例排名+核心合作论文被引比例排名）/3

2.1.3.2 评价打分依据

本书以各省市的排名情况作为评价打分依据，针对各指标的排名情况，打分依据为：排名第一的省市计6分，排名第二的省市计5分，排名第三的省市计4分，依次类推。京津冀地区得分为北京市、天津市、河北省3省市得分之和，长三角地区得分为上海市、江苏省、浙江省3省市得分之和。

2.1.4 分析工具

本次分析采用科睿唯安（Clarivate Analytics）公司的专业数据分析工具（Derwent Data Analyzer，DDA）和Web of Science平台的引用分析功能。DDA是一个具有强大分析功能的文本挖掘软件，可以对文本数据进行多角度的数据挖掘和可视化的全景分析，还能够帮助情报人员从大量的专利文献或科技文献中发现竞争情报和技术情报，为洞察科学技术的发展趋势、发现行业出现的新兴技术、寻找合作伙伴，确定研究战略和发展方向提供有价值的依据。

2.2 学术生产力

2.2.1 论文总体产出

表2.1和图2.1展示了京津冀地区和长三角地区近10年（2010—2020年）在农业领域的全部作者及核心作者SCI和CPCI发文情况，其中某地区核心作者发文量定义为该地区第一作者和通讯作者发文量的合集。此外，由于检索时间的原因，2020年的数据不能代表该年度的全部发文量。

区域整体发文情况来看，京津冀地区近10年在农业领域发表的SCI和CPCI论文共43 193篇，其中核心作者发文30 890篇，比例71.52%；长三角地区近10年在农业领域发表的SCI和CPCI论文共37 501篇，其中核心作者发文30 068篇，比例80.18%。区域之间对比可看出京津冀地区的发文总量虽比长三角地区多5 692篇，但核心作者论文比例却少了8.66%。

分省市发文情况来看,2个区域6个省市中,北京市的SCI和CPCI发文总量及核心作者发文量均最高,分别为37 970篇和26 320篇;江苏省排名第二,发文总量和核心作者发文量分别为18 941篇和15 127篇;浙江省排名第三,分别为11 381篇和8 768篇。核心作者论文比例排名第一的省份为江苏省,比例为79.86%;排名第二的为浙江省,核心作者论文比例为77.04%;排名第三的为天津市,比例为74.54%。

表2.1 京津冀和长三角农业领域总体发文情况 (单位:篇)

区域名称	论文总量	核心作者论文	非核心作者论文	核心作者论文比例	论文总量排名	核心作者论文比例排名
京津冀	43 193	30 890	12 303	71.52%	—	—
北京市	37 970	26 320	11 650	69.32%	1	5
天津市	3 936	2 934	1 002	74.54%	5	3
河北省	3 252	1 992	1 260	61.25%	6	6
长三角	37 501	30 068	7 433	80.18%	—	—
上海市	9 229	6 548	2 681	70.95%	4	4
江苏省	18 941	15 127	3 814	79.86%	2	1
浙江省	11 381	8 768	2 613	77.04%	3	2

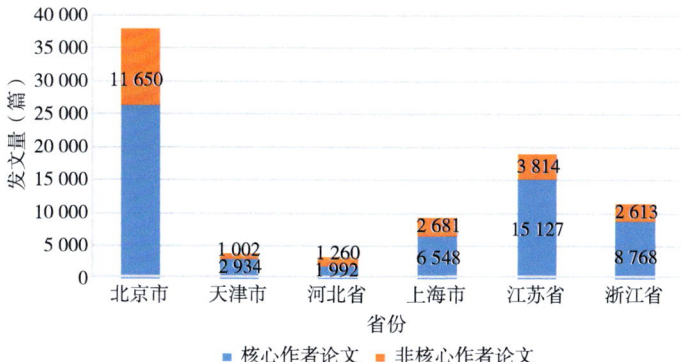

图2.1 各省市农业领域发文量分布

2.2.2 论文产出趋势

表2.2、图2.2和图2.3展示了京津冀地区和长三角地区近10年（2010—2020年）在农业领域的全部作者年度发文、核心作者年度发文及发文增长倍数情况，其中增长倍数=2020年发文量/2010年发文量。

区域整体年度发文情况来看，京津冀地区2010年全部作者发文总量为2 359篇，2020年发文量为5 066篇，近10年增长了2.15倍，其中2010年核心作者发文量为1 635篇，2020年为3 558篇，近10年增长了2.18倍；长三角地区2010年全部作者发文总量为1 364篇，2020年发文量为4 462篇，近10年增长了3.27倍，其中2010年核心作者发文量为1 015篇，2020年为3 534篇，近10年增长了3.48倍。区域之间对比可看出京津冀地区的年度发文量虽比长三角地区略高，但发文增长倍数却低于长三角地区。

分省市年度发文情况来看，2个区域6个省市中，江苏省的全部作者年度发文量和核心作者年度发文量增长倍数均最高，其中2010年全部作者发文总量为413篇，2020年为2 337篇，增长倍数为5.66，2010年核心作者发文量为297篇，2020年为1 847篇，增长倍数达6.22；全部作者年度发文量和核心作者年度发文量增长倍数均排名第二的为浙江省，增长倍数分别为2.72和2.86；全部作者年度发文量增长倍数排名第三的为北京市（2.21），而核心作者年度发文量增长倍数排名第三的为天津市（2.45）。

表2.2　京津冀和长三角农业领域核心作者发文年代分布情况　　（单位：篇）

区域名称	2010年	2011年	2012年	2013年	2014年	2015年	2016年	2017年	2018年	2019年	2020年	增长倍数	排名
京津冀	1 635	1 762	2 009	2 266	2 428	2 710	3 021	3 331	3 684	4 126	3 558	2.18	—
北京市	1 316	1 536	1 750	1 904	2 052	2 365	2 629	2 731	3 189	3 538	3 001	2.28	4
天津市	146	139	153	248	257	221	271	332	362	406	358	2.45	3
河北省	179	88	108	132	134	146	158	324	196	252	256	1.43	6
长三角	1 015	1 224	1 630	2 125	2 347	2 632	3 023	3 506	3 943	4 703	3 534	3.48	—
上海市	367	389	409	509	551	576	642	690	755	850	735	2.00	5
江苏省	297	363	699	951	1 129	1 331	1 635	1 886	2 176	2 618	1 847	6.22	1
浙江省	353	474	524	686	681	742	782	982	1 087	1 322	1 009	2.86	2

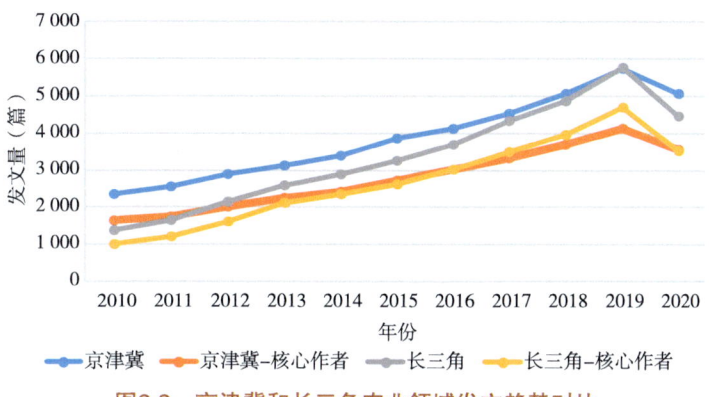

图2.2 京津冀和长三角农业领域发文趋势对比

京津冀和长三角地区及各省市的全部作者年度发文和核心作者年度发文趋势可看出,无论是论文总数还是核心作者论文数,各地区和各省市的发文量均呈现平稳上升的态势,说明各地的学术生产力逐年提高。

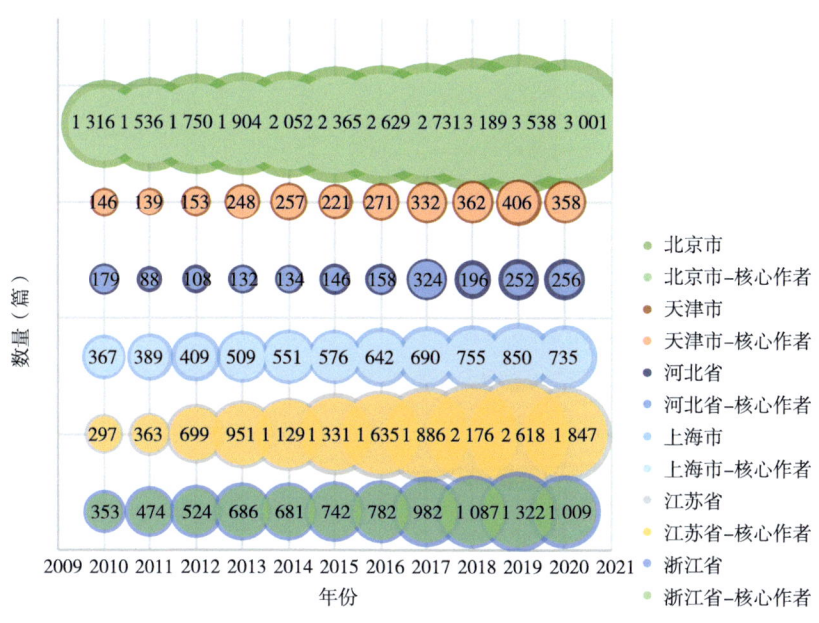

图2.3 各省市农业领域发文年度趋势

对比2个区域的年度发文增长斜率可看出,长三角地区的年度发文涨幅略高于京津冀地区,2010年长三角地区全部作者年度发文量低于京津冀地区995篇,但这一差距随着时间推移逐年缩小,至2019年长三角地区的全部作者年度发文反超京津冀地区47篇;从核心作者年度发文来看,2010年长三角地区核心作者年度发文量低于京津冀地区620篇,至2016年长三角地区的核心作者发文比京津冀地区多2篇,2019年长三角地区的核心作者发文领先数量为577篇。对比6个省市的发文年度气泡图可看出,江苏省和浙江省的全部作者和第一作者年度发文增长程度非常明显,而上海市和河北省的年度发文增长程度相对平稳。

2.2.3 论文产出学科分布

遴选与农业领域最相关的7个WOS学科类别为基准(植物科学,食品科学与技术,农艺学,农业、跨学科,农业工程,农业、制奶业和动物科学,农业经济学和政策),统计京津冀和长三角2个地区6个省市在各学科类别的发文分布情况。

区域整体发文学科分布情况来看,京津冀地区和长三角地区在农业领域的SCI和CPCI论文的学科分布略有不同。京津冀地区发文最多的学科类别为植物科学,发文量为18 398篇,其次为食品科学与技术,发文量为12 034篇,排名第三的为农艺学,发文量为6 035篇;长三角地区发文最多的学科类别则为食品科学与技术,发文量为14 787篇,其次为植物科学,发文量为14 199篇,排名第三的为农业、跨学科,发文量为3 943篇;2个区域均在农业经济学和政策类别的发文量最少,京津冀地区为449篇,长三角地区为241篇。

分省市发文学科分布情况来看,各省市在农业领域的SCI和CPCI论文的学科分布也不尽相同。北京市、河北省、上海市和浙江省发文最多的学科类别为植物科学,发文量分别为北京市16 916篇、河北省1 236篇、上海市4 420篇、浙江省4 288篇;天津市和江苏省发文最多的学科类别则为食品科学与技术,发文量分别为天津市2 090篇、江苏省8 003篇;6个省市均在农业经济学和政策类别的发文量最少(表2.3)。

表2.3 京津冀和长三角农业领域论文学科分布情况　　(单位:篇)

区域名称	植物科学	食品科学与技术	农艺学	农业、跨学科	农业工程	农业、制奶业和动物科学	农业经济学和政策
京津冀	18 398	12 034	6 035	5 126	4 014	2 677	449
北京市	16 916	9 552	5 551	4 445	3 318	2 483	432
天津市	943	2 090	313	582	592	94	21

（续表）

区域名称	植物科学	食品科学与技术	农艺学	农业、跨学科	农业工程	农业、制奶业和动物科学	农业经济学和政策
河北省	1 236	1 059	513	379	267	213	7
长三角	14 199	14 787	3 807	3 943	3 296	2 113	241
上海市	4 420	3 154	480	687	985	297	41
江苏省	6 299	8 003	2 309	2 237	1 434	1 281	112
浙江省	4 288	4 511	1 198	1 241	1 011	646	97

京津冀和长三角农业领域SCI和CPCI论文的学科对比分布可看出，京津冀地区的优势学科为植物科学，而长三角地区则在食品科学与技术学科有更强的优势。6个省市农业领域的SCI和CPCI论文的学科分布比例可看出，北京市和上海市的优势学科为植物科学，天津市和江苏省的优势学科为食品科学与技术，河北省在农艺学方向的研究涉足较多，天津市在农业工程和农业、跨学科方向有相对多的研究，江苏省、河北省和北京市在农业、制奶业和动物科学方向的研究布局相对较多，各省市在农业经济学和政策方向的研究布局均最少（图2.4，图2.5）。

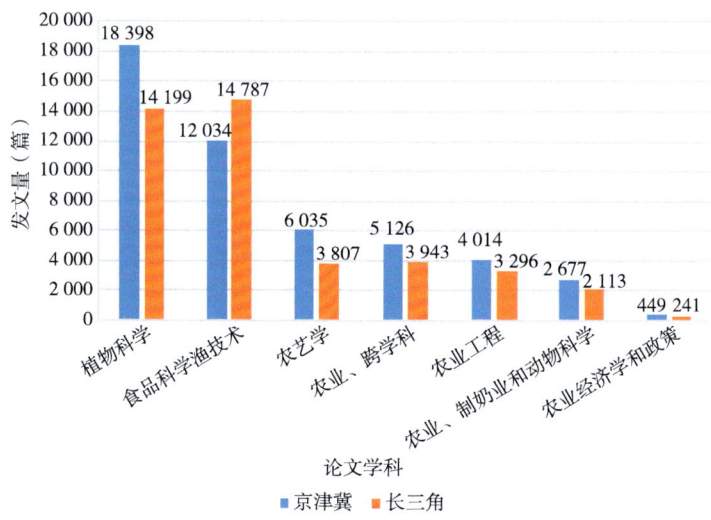

图2.4 京津冀和长三角农业领域论文学科分布对比

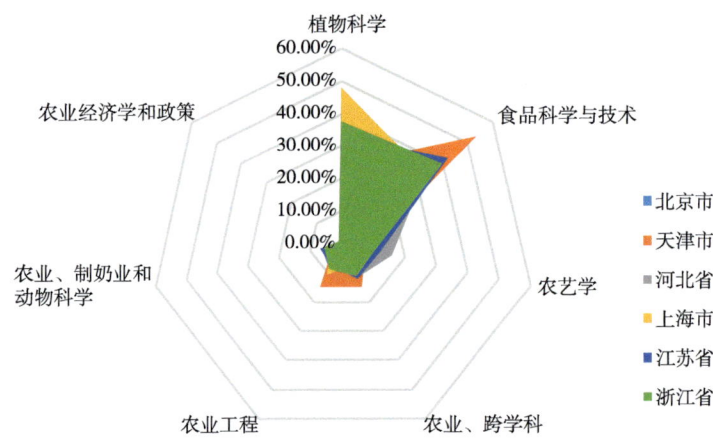

图2.5　各省市农业领域论文学科分布比例

2.2.4　学术生产力综合评分

综合京津冀和长三角地区在农业领域的论文总量排名、核心作者论文比例排名、全部作者论文增长倍数排名、核心作者论文增长倍数排名，对京津冀和长三角2个区域6个省市在农业领域的学术生产力进行综合评分，打分依据为：排名第一计6分，排名第二计5分，排名第三计4分，依次类推。京津冀地区得分为北京市、天津市、河北省3省市得分之和，长三角地区得分为上海市、江苏省、浙江省3省市得分之和。

区域整体学术生产力综合评分结果显示，京津冀地区在农业领域的论文总量得分为9分，核心作者论文比例得分为7分，全部作者论文增长倍数得分为8分，核心作者论文增长倍数得分为8分，学术生产力综合得分为32分；长三角地区在农业领域的论文总量得分为12分，核心作者论文比例得分为14分，全部作者论文增长倍数得分为13分，核心作者论文增长倍数得分为13分，学术生产力综合得分为52分。对比2个区域的得分结果可以看出，长三角地区在农业领域的综合学术生产力整体比京津冀地区高。

分省市学术生产力综合评分结果显示，学术生产力综合得分最高的省份为江苏省（23分），其在核心作者论文比例、全部作者论文增长倍数和核心作者论文增长倍数3个指标均排名第一；学术生产力综合得分排名第二的是浙江省（19分），其在核心作者论文比例、全部作者论文增长倍数和核心作者论文增长倍数3个指标均排名第二；学术生产力综合得分排名第三的是北京市（15分），其论文总量在6个省市中排名第一，全部作者论文增长倍数排名第三；对比6个省市的得分结果可以看出，在农业领域综合学术生产力排名前三的省市依次为江苏省、浙江省、北京市，河北省的学术生产力各项指标均排名最末（表2.4）。

表2.4 京津冀和长三角农业领域学术生产力综合评分

区域名称	论文总量得分	核心作者论文比例得分	全部作者论文增长倍数得分	核心作者论文增长倍数得分	学术生产力综合得分
京津冀	9	7	8	8	32
北京市	6	2	4	3	15
天津市	2	4	3	4	13
河北省	1	1	1	1	4
长三角	12	14	13	13	52
上海市	3	3	2	2	10
江苏省	5	6	6	6	23
浙江省	4	5	5	5	19

2.3 学术影响力

2.3.1 论文总体影响

表2.5展示了京津冀地区和长三角地区近10年在农业领域的SCI和CPCI发文影响力情况，包括总被引频次、他引频次、被引论文数量及比例、未被引论文比例以及篇均被引频次。需要说明的是本书统计的某地区论文的被引频次指的是该地区论文在Web of Science核心合集数据库中的总被引频次。

从区域整体影响力情况来看，京津冀地区近10年在农业领域发表的SCI和CPCI论文总被引频次为579 353，其中他引频次为563 659，被引论文35 451篇，比例82.08%，篇均被引频次为13.41；长三角地区的近10年在农业领域发表的SCI和CPCI论文总被引频次为505 928，其中他引频次为493 473，被引论文31 460篇，比例83.89%，篇均被引频次为13.49。区域之间对比可看出，京津冀地区虽然总被引频次比长三角地区多73 425次，但被引论文比例却少了1.82%，篇均被引频次也是长三角地区比京津冀地区多0.08。

分省市影响力情况来看，2个区域6个省市中，北京市的SCI和CPCI发文总被引频次最高（520 569），总被引频次排名第二的为江苏省（227 939），浙江省在农业领域的论文总被引频次排名第三（162 386）；被引论文比例排名第一的为上海市，比例为85.05%，排名第二的为浙江省，比例为83.79%，排名第三的为江苏省，比例为83.46%；篇均被引频次排名第一的也为上海市，篇均被引频次为15.27，浙江省（14.27）和北京市（13.71）分列二、三位。

表2.5 京津冀和长三角农业领域论文总体影响力情况

区域名称	论文总量（篇）	总被引频次（次）	他引频次（次）	被引论文（篇）	被引论文比例	篇均被引频次（次）	总被引频次排名	被引论文比例排名	篇均被引频次排名
京津冀	43 193	579 353	563 659	35 451	82.08%	13.41	—	—	—
北京市	37 970	520 569	505 078	31 460	82.85%	13.71	1	5	3
天津市	3 936	50 478	47 689	3 274	83.18%	12.82	5	4	4
河北省	3 252	29 596	27 951	2 341	71.99%	9.10	6	6	6
长三角	37 501	505 928	493 473	31 460	83.89%	13.49	—	—	—
上海市	9 229	140 941	131 722	7 849	85.05%	15.27	4	1	1
江苏省	18 941	227 939	213 083	15 809	83.46%	12.03	2	3	5
浙江省	11 381	162 386	153 806	9 536	83.79%	14.27	3	2	2

2.3.2 论文被引分布

表2.6、图2.6和图2.7展示了京津冀地区和长三角地区近10年在农业领域的SCI和CPCI发文被引频次分布情况，本书将被引频次分为0、1~5、6~15和>15 4个区间，被引频次高的论文数量越多，代表该地区的论文影响力相对较高。

表2.6 京津冀和长三角农业领域论文被引频次分布情况

(单位:次)

区域名称	全部作者论文被引频次				核心作者论文被引频次				全部作者TC>15比例排名	核心作者TC>15比例排名
	TC=0	TC=1-5	TC=6-15	TC>15	TC=0	TC=1-5	TC=6-15	TC>15		
京津冀	7 742	13 635	10 732	11 084	5 730	9 887	7 611	7 662	—	—
北京市	6 510	12 028	9 539	9 893	4 621	8 444	6 573	6 682	4	1
天津市	662	1 222	1 021	1 031	514	926	760	734	3	2
河北省	911	1 076	680	585	673	660	365	294	6	6
长三角	6 041	11 641	9 895	9 960	4 851	9 460	7 942	7 815	—	—
上海市	1 380	2 719	2 404	2 726	957	1 944	1 710	1 937	1	4
江苏省	3 132	6 203	5 018	4 588	2 421	4 750	3 927	4 029	5	3
浙江省	1 845	3 390	2 975	3 171	1 431	2 642	2 310	2 385	2	5

区域整体发文被引频次分布情况来看,京津冀地区全部作者和核心作者发文被引频次大多均分布在1~5区间内,其中全部作者13 635篇,核心作者9 887篇,被引频次大于15的全部作者论文有11 084篇,比例为25.66%,核心作者论文有7 662篇,比例24.80%,被引频次为0的全部论文有7 742篇,比例为17.92%,核心作者论文有5 730篇,比例为18.55%;长三角地区全部作者和核心作者发文被引频次大多也分布在1~5区间内,其中全部作者11 641篇,核心作者9 460篇,被引频次大于15的全部作者论文有9 960篇,比例为26.56%,核心作者论文有7 815篇,比例为25.99%,被引频次为0的全部作者论文有6 041篇,比例为16.11%,核心作者论文有4 851篇,比例为16.13%。区域之间对比可看出,京津冀地区虽然被引频次大于15的论文数量多于长三角地区,但是比例相对略低。

分省市发文被引分布情况来看,2个区域6个省市中,全部作者和核心作者被引频次大于15的论文数量最多的省份均为北京市,其中全部作者11 084篇,核心作者7 662篇;全部作者论文被引频次大于15的论文比例最多的却为上海市,比例为29.54%,排名第二的为浙江省,比例为27.86%,排名第三的为天津市,比例为26.19%;核心作者论文被引频次大于15的论文比例最多的为北京市,比例为25.39%,排名第二的为天津市,比例为25.02%,排名第三的为江苏省,比例为21.27%;各省市的全部作者和核心作者论文在被引频次为1~5区间内的数量均最多,在被引频次为0的区间内数量均最少。

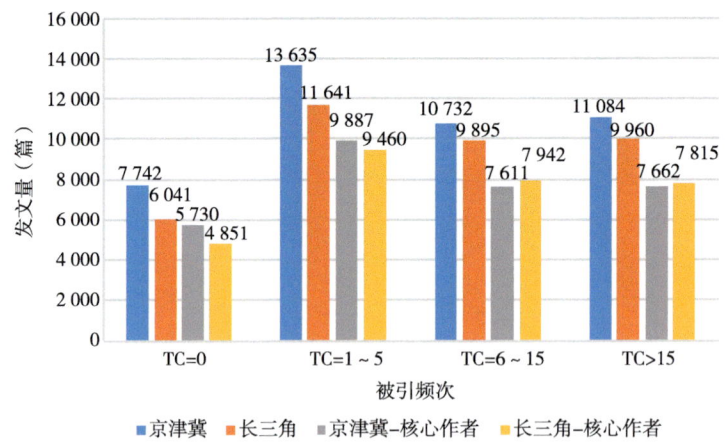

图2.6 京津冀和长三角农业领域论文被引频次对比

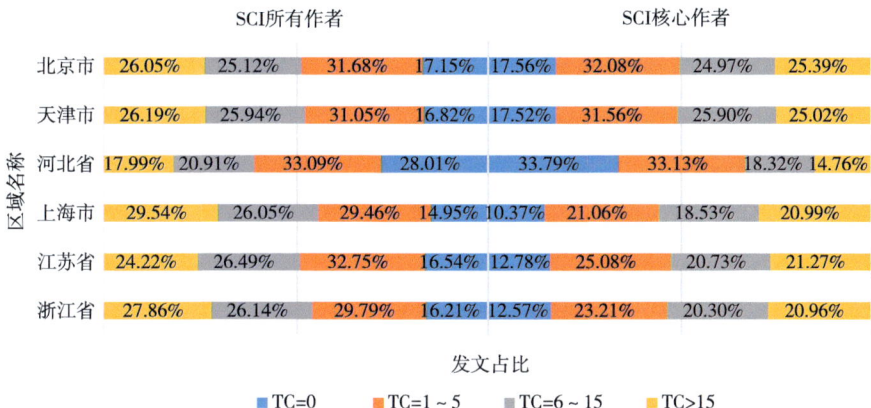

图2.7 各省市农业领域论文被引频次百分比分布

2.3.3 学术影响力综合评分

综合京津冀和长三角地区在农业领域的总被引频次排名、被引论文比例排名、篇均被引排名、全部作者被引频次大于15的论文比例排名、核心作者被引频次大于15的论文比例排名,对京津冀和长三角2个区域6个省市在农业领域的学术影响力进行综合评分,打分依据为:排名第一计6分,排名第二计5分,排名第三计4分,依次类推。京津冀地区得分为北京市、天津市、河北省3省市得分之和,长三角地区得分为上海市、江苏省、浙江省3省市得分之和。

区域整体学术影响力综合评分结果显示,京津冀地区在农业领域的论文总被引频次得分为9分,被引论文比例得分为6分,篇均被引得分为8分,全部作者被引频次大于15的论文得分为8分,核心作者被引频次大于15的论文得分为12分,学术影响力综合得分为43分;长三角地区在农业领域的论文总被引频次得分为12分,被引论文比例得分为15分,篇均被引得分为13分,全部作者被引频次大于15的论文得分为13分,核心作者被引频次大于15的论文得分为9分,学术影响力综合得分为62分;对比2个区域的得分结果可以看出,除核心作者被引频次大于15的论文数量京津冀地区稍多外,长三角地区在农业领域的综合学术影响力整体比京津冀地区高。

分省市学术影响力综合评分结果显示,学术影响力综合得分最高的省份为上海市(23分),其在被引论文比例、篇均被引、全部作者被引频次大于15的论文比例3个指标均排名第一;学术影响力综合得分排名并列第二的是北京市和浙江省(21分),其中北京市在总被引频次和核心作者被引频次大于15的论文比例两个指标均排名第一，浙江省则在被引论文比例、篇均被引、全部作者被引频次大于15的论文比例3个指标均排名第二；学术影响力综合得分排名并列第三的是天津市和江苏省（17分）。对比6个省市的得分结果可以看出，在农业领域综合学术影响力排名前三的省市依次为上海市、北京市、浙江省，河北省的学术影响力各项指标均排名最末（表2.7）。

表2.7 京津冀和长三角农业领域学术影响力综合评分

区域名称	总被引频次得分	被引论文比例得分	篇均被引得分	全部作者TC>15论文比例得分	核心作者TC>15论文比例得分	学术影响力综合得分
京津冀	9	6	8	8	12	43
北京市	6	2	4	3	6	21
天津市	2	3	3	4	5	17
河北省	1	1	1	1	1	5
长三角	12	15	13	13	9	62
上海市	3	6	6	6	3	24
江苏省	5	4	2	2	4	17
浙江省	4	5	5	5	2	21

2.4 学术发展力

2.4.1 高质量期刊论文

表2.8、图2.8和图2.9展示了京津冀地区和长三角地区近10年在农业领域的SCI期刊影响因子分布情况，本书定义高质量期刊为在JCR数据库中同时属于期刊分区Q1区和平均期刊影响因子百分位在90%～100%的期刊。相关术语具体释义请见2.1.2章节的分析指标。

区域整体的论文期刊影响因子分布情况来看，京津冀地区的全部作者发文影响因子大多分布在0～1区间内（11 174篇），其次为影响因子在3～4区间（8 488篇），影响因子大于4的论文数量为7 491篇，高质量期刊为11 621篇，比例26.90%；长三角地区的全部作者发文影响因子大多也分布在0～1区间内（9 003篇），其次为影响因子在3～4区间（7 769篇），影响因子大于4的论文数量为

7 265篇，高质量期刊为10 141篇，比例27.04%。区域之间对比可看出，京津冀地区的高质量期刊论文数量虽然比长三角地区多1 480篇，但是比例却少0.14%。

分省市的论文期刊影响因子分布情况来看，2个区域6个省市中，高质量期刊论文数量最多的省份为北京市（10 480篇），其次为江苏省（4 724篇），排名并列第三的为上海市和浙江省（2 813篇）；高质量期刊论文比例最高的省份为上海市（30.48%），其次为北京市（27.60%），排名第三的为江苏省（24.94%）。各省市在影响因子为0~1的区间内的数量均最多，其次为影响因子3~4的论文区间。

表2.8 京津冀和长三角农业领域论文期刊影响因子分布情况 （单位：篇）

区域名称	IF=0-1	IF=1-2	IF=2-3	IF=3-4	IF>4	高质量期刊Q1-TOP10%	高质量期刊论文比例	高质量期刊论文数量排名	高质量期刊论文比例排名
京津冀	11 174	6 284	6 487	8 488	7 491	11 621	26.90%	—	—
北京市	10 063	5 330	5 850	7 436	6 677	10 480	27.60%	1	2
天津市	760	734	509	950	719	972	24.70%	5	5
河北省	865	504	407	558	383	690	21.22%	6	6
长三角	9 003	5 847	5 686	7 769	7 265	10 141	27.04%	—	—
上海市	1 975	1 412	1 382	1 780	2 289	2 813	30.48%	3	1
江苏省	4 736	2 981	2 880	4 164	3 127	4 724	24.94%	2	3
浙江省	2 710	1 762	1 725	2 315	2 294	2 813	24.72%	3	4

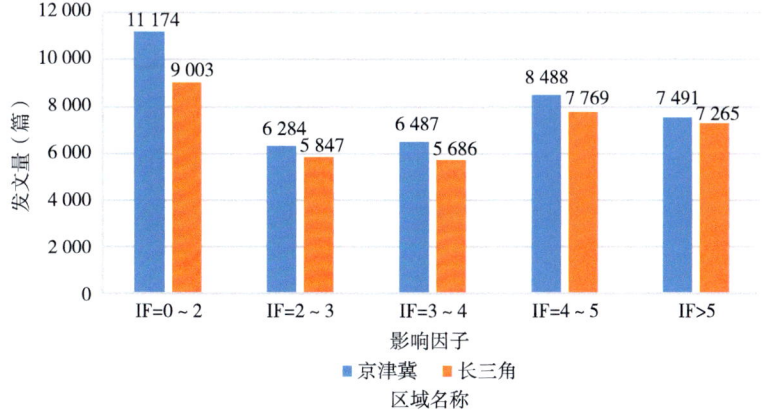

图2.8 京津冀和长三角农业领域论文影响因子对比

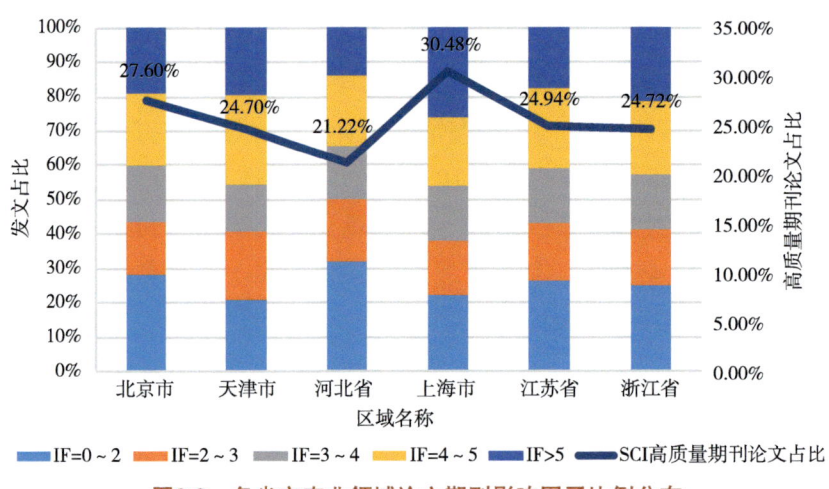

图2.9 各省市农业领域论文期刊影响因子比例分布

2.4.2 高被引论文

表2.9和图2.10展示了京津冀地区和长三角地区近10年在农业领域的SCI和CPCI高被引论文分布情况,本书中将超过特定数据集论文被引基线的论文定义为高被引论文。京津冀地区3个省市共发表论文43 193篇,共被引用579 353次,平均被引次数为579 353/43 193 = 13.41 ≈ 14,故定义京津冀地区高被引论文基线为14,被引频次大于等于14的论文即为该地区的高被引论文。长三角地区3个省市共发表论文37 501篇,共被引用505 928次,平均被引次数为505 928/37 501 = 13.49 ≈ 14,故定义长三角地区高被引论文基线为14,被引频次大于等于14的论文即为该地区的高被引论文。

区域整体的高被引论文分布情况来看,京津冀地区的全部作者高被引论文共12 588篇,比例29.14%,其中核心作者高被引论文8 726篇,比例28.25%;长三角地区的全部作者高被引论文共11 263篇,比例30.03%,其中核心作者高被引论文8 859篇,比例29.46%。区域之间对比可看出,京津冀地区的全部作者高被引论文数量虽然比长三角地区多1 325篇,但比例却少0.89%,且核心作者高被引论文数量京津冀比长三角少133篇,比例少1.21%。

分省市的高被引论文分布情况来看,2个区域6个省市中,高被引论文数量最多的省份为北京市(11 256篇),其次为江苏省(5 240篇),排名第三的为浙江省(3 566篇);高被引论文比例最高的省份为上海市(32.97%),其次为浙江省(31.33%),排名第三的为天津市(29.83%)。河北省无论在高被引论文数量还是比例上都排名最末。

表2.9 京津冀和长三角农业领域高被引论文分布情况 (单位:篇)

区域名称	高被引论文数量	核心作者高被引论文	高被引论文比例	核心作者高被引论文比例	高被引论文数量排名	高被引论文比例排名
京津冀	12 588	8 726	29.14%	28.25%	—	—
北京市	11 256	7 617	29.64%	28.94%	1	4
天津市	1 174	833	29.83%	28.39%	5	3
河北省	659	334	20.26%	16.77%	6	6
长三角	11 263	8 859	30.03%	29.46%	—	—
上海市	3 043	2 297	32.97%	35.08%	4	1
江苏省	5 240	4 549	27.66%	30.07%	2	5
浙江省	3 566	2 164	31.33%	24.68%	3	2

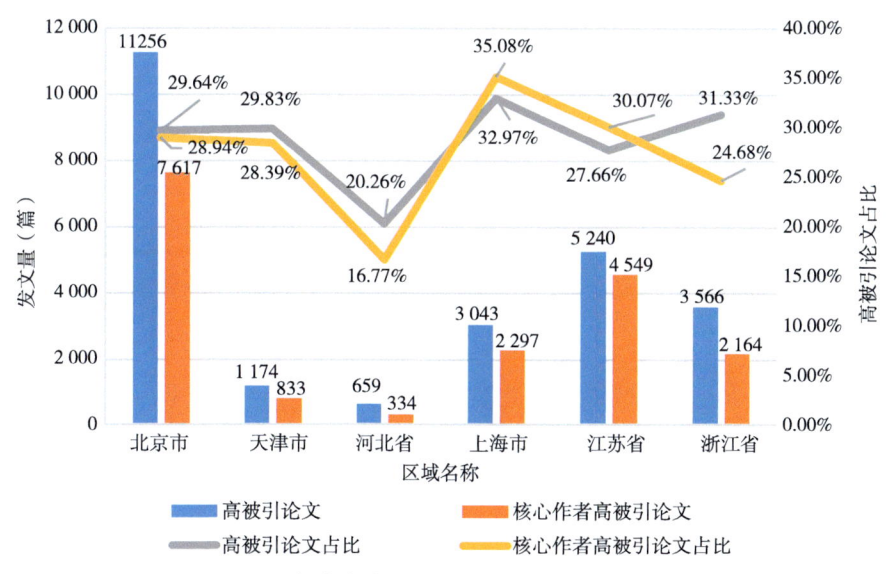

图2.10 各省市农业领域高被引论文及比例分布

2.4.3 热点论文

表2.10和图2.11展示了京津冀地区和长三角地区近10年在农业领域的SCI和CPCI热点论文分布情况,本书中将在某数据集最近两年发表的论文被引用超过被引基线的论文定义为该数据集的热点论文。京津冀地区3个省市2018—2020年共发表论文15 850篇,共被引用66 597次,平均被引次数为66 597/15 850 = 4.20 ≈ 5,故定义京津冀地区热点论文基线为5,被引频次大于等于5的论文即为该地区的热点论文。长三角地区3个省市2018—2020年共发表论文15 088篇,共被引用68 829次,平均被引次数为68 829/15 088 = 4.56 ≈ 5,故定义长三角地区热点论文基线为5,被引频次大于等于5的论文即为该地区的热点论文。

区域整体的热点论文分布情况来看,京津冀地区的全部作者热点论文共4 517篇,比例28.50%,其中核心作者热点论文3 218篇,比例28.31%;长三角地区的全部作者热点论文共4 722篇,比例31.30%,其中核心作者热点论文3 782篇,比例31.05%。区域之间对比可看出,长三角地区的热点论文数量、核心作者热点论文数量、热点论文比例、核心作者热点论文比例4个指标均高于京津冀地区分省市的热点论文分布情况来看,2个区域6个省市中,热点论文数量最多的省份为北京市(4 029篇),其次为江苏省(2 574篇),排名第三的为浙江省(1 434篇);热点论文比例最高的省份为浙江省(32.22%),其次为江苏省(31.12%),排名第三的为上海市(30.56%)。京津冀地区3个省市的热点论文比例排名靠后,河北省无论在热点论文数量还是比例上都排名最末。

表2.10 京津冀和长三角农业领域热点论文分布情况 (单位:篇)

区域名称	热点论文数量	核心作者热点论文	热点论文比例	核心作者热点论文比例	热点论文数量排名	热点论文比例排名
京津冀	4 517	3 218	28.50%	28.31%	—	—
北京市	4 029	2 801	28.85%	28.79%	1	5
天津市	443	338	29.95%	30.02%	5	4
河北省	290	137	23.54%	19.46%	6	6
长三角	4 722	3 782	31.30%	31.05%	—	—

（续表）

区域名称	热点论文数量	核心作者热点论文	热点论文比例	核心作者热点论文比例	热点论文数量排名	热点论文比例排名
上海市	1 018	691	30.56%	29.53%	4	3
江苏省	2 574	2 048	31.12%	30.84%	2	2
浙江省	1 434	1 119	32.22%	32.74%	3	1

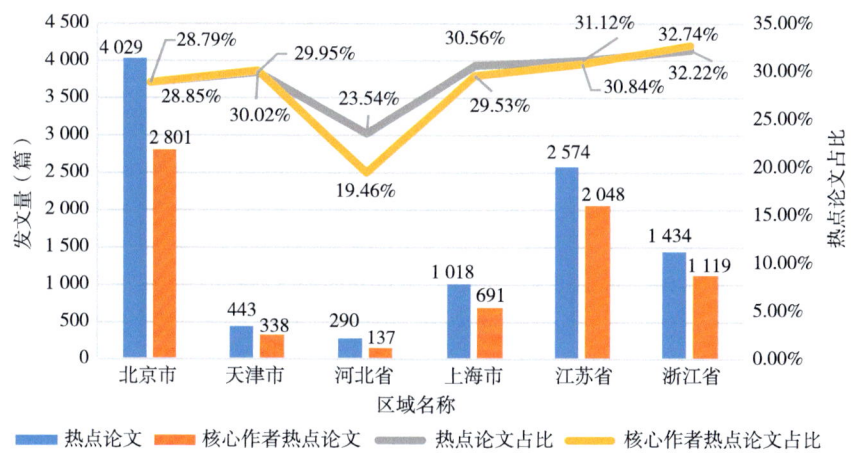

图2.11 各省市农业领域热点论文及比例分布

2.4.4 学术综合实力

学术综合实力主要考量3个指标，分别是竞争主体发表论文的H指数、论文产出效率和论文数量。本书定义，论文产出效率=论文产出数量/竞争主体论文作者数量。其中竞争主体论文作者数量等于竞争主体发表论文中所有属于该竞争主体的作者数量。学术综合实力排名=（论文产出数量排名+论文产出效率排名+论文H指数排名）/3。

区域整体的学术综合实力情况来看，京津冀地区在农业领域共有47 692名作者，论文产出效率为0.91，论文的H指数为157；长三角地区在农业领域共有42 065名作者，论文产出效率为0.89，论文的H指数为144。区域之间对比可看出，京津冀地区无论在论文作者数量上，还是在论文产出效率和H指数上均高于长三角地区（表2.11）。

表2.11　京津冀和长三角农业领域论文学术综合实力情况

区域名称	论文作者数量（篇）	论文产出数量（篇）	论文产出效率	H指数	学术综合实力排名
京津冀	47 692	43 193	0.91	157	一
北京市	39 921	37 970	0.95	156	1
天津市	4 364	3 936	0.90	75	6
河北省	3 407	3 252	0.95	61	5
长三角	42 065	37 501	0.89	144	一
上海市	10 016	9 229	0.92	110	4
江苏省	19 692	18 941	0.96	85	2
浙江省	12 357	11 381	0.92	113	3

根据以上3个指标，绘制2个区域6个省市的论文学术综合实力气泡图，图中横轴为论文产出效率，纵轴为竞争主体论文的H指数，气泡大小为论文数量，处于图中右上角区域的省市为学术综合实力相对较高的省市。从论文的作者数量上看，北京市排名第一（39 921篇），江苏省（19 692篇）和浙江省（12 357篇）分列二三位；从论文产出效率上看，江苏省排名第一（0.96），北京市和河北省并列第二，产出效率为0.95；从论文的H指数上看，北京市排名第一（156），浙江省（113）和上海市（110）分列二三位。综合计算6个省市的学术综合实力排名，排名前三的依次为北京市、江苏省、浙江省（图2.12）。

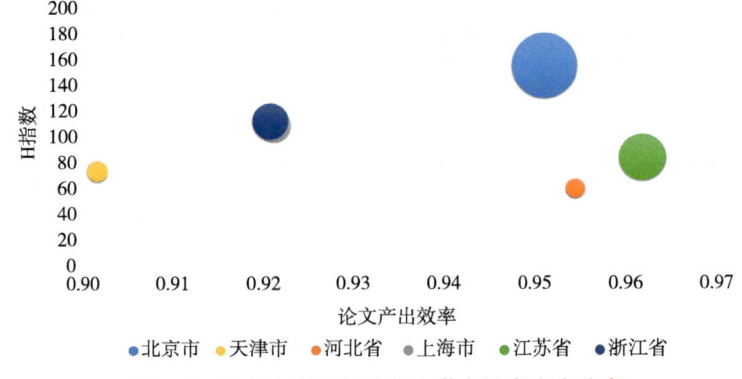

图2.12　各省市农业领域论文学术综合实力分布

2.4.5 学术发展力综合评分

综合京津冀和长三角地区在农业领域的高质量期刊论文数量排名、高质量期刊论文比例排名、高被引论文数量排名、高被引论文比例排名、热点论文数量排名、热点论文比例排名、学术综合实力排名，对京津冀和长三角2个区域6个省市在农业领域的学术发展力进行综合评分，打分依据为：排名第一计6分，排名第二计5分，排名第三计4分，依次类推。京津冀地区得分为北京市、天津市、河北省3省市得分之和，长三角地区得分为上海市、江苏省、浙江省3省市得分之和。

区域整体学术发展力综合评分结果显示，京津冀地区在农业领域的高质量期刊论文数量得分为9分，高质量期刊论文比例得分为8分，高被引论文数量得分为9分，高被引论文比例得分为8分，热点论文数量得分为9分，热点论文比例得分为6分，学术综合实力得分为9分，学术发展力综合得分为58分；长三角地区在农业领域的高质量期刊论文数量得分为13分，高质量期刊论文比例得分为13分，高被引论文数量得分为12分，高被引论文比例得分为13分，热点论文数量得分为12分，热点论文比例得分为15分，学术综合实力得分为12分，学术发展力综合得分为90分。对比2个区域的得分结果可以看出，长三角地区在农业领域的综合学术发展力整体比京津冀地区高。

分省市学术发展力综合评分结果显示，学术发展力综合得分最高的省份为北京市（34分），其在高质量期刊论文数量、高被引论文数量、热点论文数量、学术综合实力4个指标均排名第一；学术发展力综合得分排名第二的是江苏省（31分），其在高被引论文数量、热点论文数量、热点论文比例、学术综合实力4个指标均排名第二；学术发展力综合得分排名第三的是浙江省（30分），其高被引论文比例排名第二，热点论文比例排名第一；此外，高质量期刊论文比例得分最高的省份为上海市（表2.12）。

表2.12 京津冀和长三角农业领域学术发展力综合评分

区域名称	高质量期刊论文数量得分	高质量期刊论文比例得分	高被引论文数量得分	高被引论文比例得分	热点论文数量得分	热点论文比例得分	学术综合实力得分	学术发展力综合得分
京津冀	9	8	9	8	9	6	9	58
北京市	6	5	6	3	6	2	6	34

(续表)

区域名称	高质量期刊论文数量得分	高质量期刊论文比例得分	高被引论文数量得分	高被引论文比例得分	热点论文数量得分	热点论文比例得分	学术综合实力得分	学术发展力综合得分
天津市	2	2	2	4	2	3	1	16
河北省	1	1	1	1	1	1	2	8
长三角	13	13	12	13	12	15	12	90
上海市	4	6	3	3	3	4	3	29
江苏省	5	4	5	2	5	5	5	31
浙江省	4	3	4	5	4	6	4	30

2.5 科技合作力

2.5.1 科技合作产出

科技合作产出重点对各竞争主体的合作论文数量和比例情况进行考量。本书分别统计了京津冀地区和长三角地区以及各省市的全部作者和核心作者在农业领域的合作发文情况。

区域整体的论文合作分布情况来看，京津冀地区全部作者合作论文为27 802篇，比例64.37%，其中核心作者合作论文15 499篇，比例50.17%；长三角地区全部作者合作论文为22 018篇，比例58.71%，其中核心作者合作论文14 585篇，比例48.51%。区域之间对比可看出，京津冀地区的科技合作产出的四项指标均高于长三角地区（表2.13）。

分省市的论文合作分布情况来看，2个区域6个省市中，科技合作产出的4项指标均排名第一的省份为北京市，其全部作者合作论文为26 201篇，比例69.00%，其中核心作者合作论文为14 551篇，比例为55.28%；全部作者合作论文和核心作者合作论文数量均排名第二的省份为江苏省，数量分别为11 702篇和7 888篇，其全部作者合作论文比例也排名第二，为61.78%，但核心作者合作论文比例却排名第三，为52.15%；全部作者合作论文和核心作者合作论文数量均排名第三的省份为浙江省，数量分别为7 049篇和4 436篇；上海市的核心作者合作比例排名第二（54.37%），江苏省的核心作者合作比例排名第三（52.51%）（图2.13）。

表2.13 京津冀和长三角农业领域合作论文分布情况 （单位：篇）

区域名称	全部作者合作论文	核心作者合作论文	全部作者合作论文比例	核心作者合作论文比例	核心作者合作论文排名	核心合作论文比例排名
京津冀	27 802	15 499	64.37%	50.17%	—	—
北京市	26 201	14 551	69.00%	55.28%	1	1
天津市	2 362	1 360	60.01%	46.35%	5	5
河北省	2 110	850	64.88%	42.67%	6	6
长三角	22 018	14 585	58.71%	48.51%	—	—
上海市	6 241	3 560	67.62%	54.37%	4	2
江苏省	11 702	7 888	61.78%	52.15%	2	3
浙江省	7 049	4 436	61.94%	50.59%	3	4

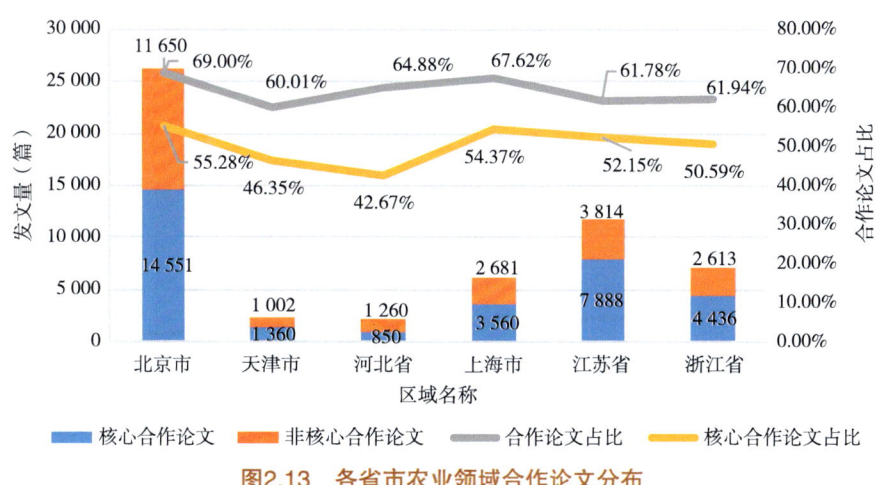

图2.13 各省市农业领域合作论文分布

2.5.2 合作论文趋势

表2.14和图2.14展示了京津冀地区和长三角地区近10年（2010—2020年）在农业领域的核心作者年度发文、核心作者年度合作发文及合作发文增长倍数情

况，其中合作发文增长倍数＝2020年合作发文量/2010合作年发文量。

表2.14 京津冀和长三角农业领域核心合作发文年代分布情况

区域名称	2010年	2011年	2012年	2013年	2014年	2015年	2016年	2017年	2018年	2019年	2020年	增长倍数	增长倍数排名
						（篇）							
京津冀	623	747	864	1 041	1 101	1 286	1 555	1 657	1 976	2 384	2 054	3.30	—
北京市	611	720	826	969	1 036	1 214	1 469	1 567	1 855	2 218	1 873	3.07	5
天津市	45	69	64	105	96	91	119	159	198	204	186	4.13	4
河北省	33	27	42	50	54	63	72	89	108	148	152	4.61	3
长三角	422	478	655	863	1 052	1 204	1 445	1 724	1 999	2 481	2 034	4.82	—
上海市	159	178	181	251	272	299	364	405	460	529	420	2.64	6
江苏省	146	169	319	440	548	648	831	969	1 148	1 451	1 093	7.49	1
浙江省	142	168	212	272	311	345	382	516	590	755	664	4.68	2

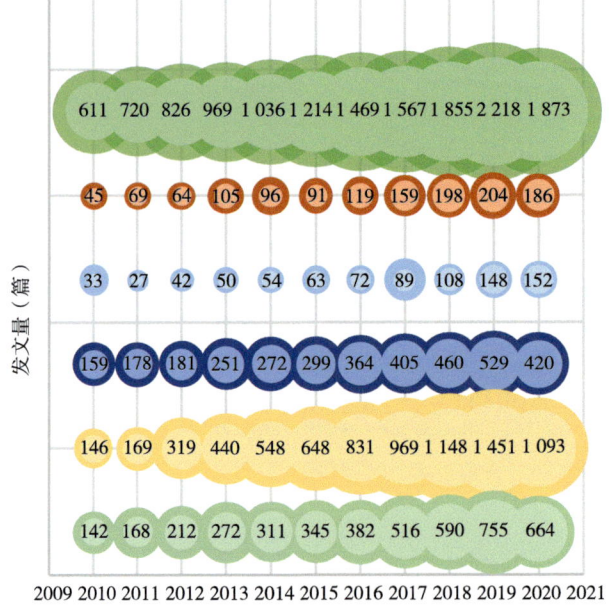

图2.14 各省市农业领域核心发文及核心合作发文年度趋势

区域整体年度核心合作发文情况来看，京津冀地区2010年核心作者合作发文量为623篇，2020年发文量为2 054篇，近10年增长了3.30倍；长三角地区2010年核心作者合作发文量为422篇，2020年发文量为2 034篇，近10年增长了4.82倍。区域之间对比可看出京津冀地区的核心合作年度发文量虽比长三角地区略高，但合作发文增长倍数却低于长三角地区。

分省市年度发文情况来看，2个区域6个省市中，江苏省的核心作者合作论文增长倍数最高，其2010年核心合作发文量为146篇，2020年为1 093篇，增长倍数达7.49；核心合作增长倍数排名第二的为浙江省，其2010年核心合作发文量为142篇，2020年为664篇，增长倍数为4.68；排名第三的为河北省，其2010年核心合作发文量为33篇，2020年为152篇，增长倍数达4.61。

2.5.3 科技合作贡献度

本书将核心作者合作论文的高质量期刊论文比例、高被引论文比例和热点论文比例统称为论文的科技合作贡献度。以下图表展示了京津冀地区和长三角地区以及各省市在农业领域的论文贡献度情况，其中，合作贡献度排名=（核心合作高质量期刊论文比例排名+核心合作高被引论文比例排名+核心合作热点论文比例排名）/3。

区域整体合作论文贡献度情况来看，京津冀地区的核心合作高质量期刊论文比例为39.94%，核心合作高被引论文比例为34.97%，核心合作热点论文比例为41.84%；长三角地区的核心合作高质量期刊论文比例为41.85%，核心合作高被引论文比例为47.84%，核心合作热点论文比例为44.56%。区域之间对比可看出长三角地区在合作论文贡献度的各项指标上均高于京津冀地区（表2.15）。

分省市合作论文贡献度情况来看，核心合作高质量期刊论文比例最高的省份为浙江省（45.22%），核心合作高被引论文比例最高的省份为江苏省（44.12%），核心合作热点论文比例最高的省份也为江苏省，比例为46.23%。综合计算各省市的合作论文贡献度排名，前三名的省市依次为江苏省、浙江省、上海市（图2.15）。

表2.15 京津冀和长三角农业领域合作论文贡献度情况

区域名称	核心合作高质量期刊论文比例	核心合作高被引论文比例	核心合作热点论文比例	合作贡献度排名
京津冀	39.94%	34.97%	41.84%	—
北京市	41.31%	37.06%	43.61%	4
天津市	36.52%	30.92%	43.79%	5
河北省	33.33%	24.43%	29.31%	6
长三角	41.85%	47.84%	44.56%	—
上海市	41.06%	39.01%	44.40%	3
江苏省	43.99%	44.12%	46.23%	1
浙江省	45.22%	35.67%	45.68%	2

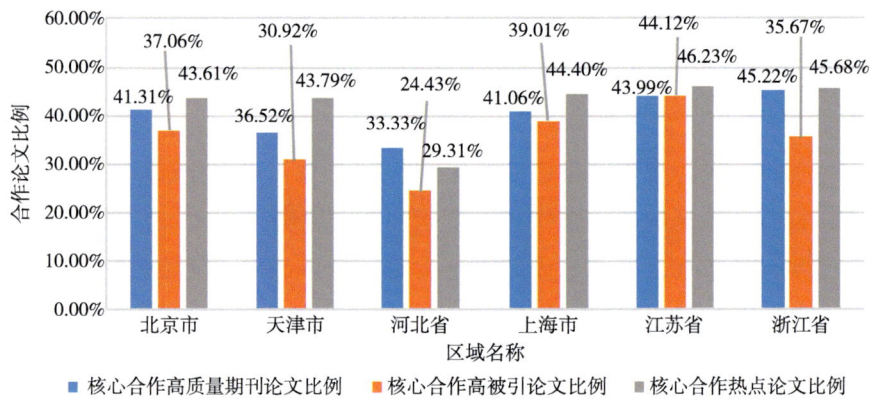

图2.15 各省市农业领域合作论文贡献度

2.5.4 科技合作强度

科技合作强度主要考量3个指标，分别是核心合作的论文数量、核心合作论文比例和核心合作论文被引比例。其中，合作强度排名=（核心合作论文数量排名+核心合作论文比例排名+核心合作论文被引比例排名）/3。

区域整体合作论文强度情况来看,京津冀地区的核心合作论文数量为15 499篇,比例为50.17%,核心合作论文被引频次为202 750,核心合作论文被引比例为52.62%;长三角地区的核心合作论文数量为14 585篇,比例为48.51%,核心合作论文被引频次为191 841,核心合作论文被引比例为62.13%。区域之间对比可看出京津冀地区在核心合作论文数量、比例及被引频次上均高于长三角地区,但核心合作论文被引比例却略低于长三角地区(表2.16)。

根据以上3个指标,绘制2个区域6个省市的科技合作强度气泡图,图中横轴为核心合作论文比例,纵轴为核心合作论文被引比例,气泡大小代表核心合作论文数量。处于图中右上角区域的省市为科技合作强度相对较强的省市。从核心合作论文数量,北京市排名第一(14 551篇),江苏省(7 888篇)和浙江省(4 436篇)分列二三位;从核心合作论文比例上看,北京市排名第一(55.28%),上海市(54.37%)和江苏省(52.15%)分列二三位;从核心合作论文被引比例上看,江苏省排名第一(63.40%),浙江省(57.41%)和上海市(56.91%)分列二三位。综合计算6个省市的合作论文强度排名,北京市和江苏省并列第一,上海市和浙江省并列第三(图2.16)。

表2.16 京津冀和长三角农业领域合作论文强度情况 (单位:篇、次)

区域名称	核心合作论文数量	核心合作论文比例	核心合作论文被引频次	核心合作论文被引比例	合作论文强度排名
京津冀	15 499	50.17%	202 750	52.62%	—
北京市	14 551	55.28%	191 370	52.69%	1
天津市	1 360	46.35%	16 161	52.29%	5
河北省	850	42.67%	7 458	33.87%	6
长三角	14 585	48.51%	191 841	62.13%	—
上海市	3 560	54.37%	56 007	56.91%	3
江苏省	7 888	52.15%	92 303	63.40%	1
浙江省	4 436	50.59%	58 035	57.41%	3

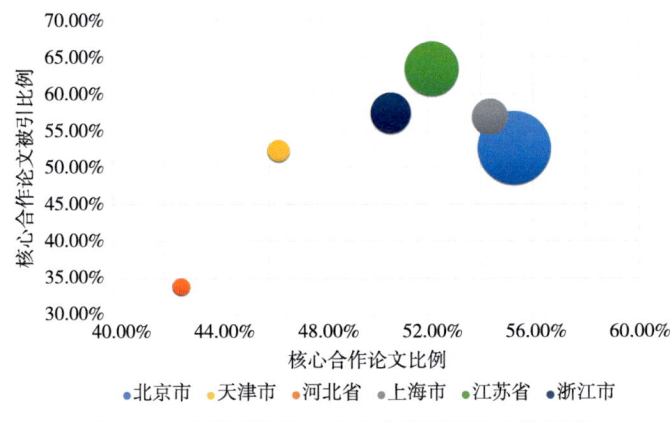

图2.16 京津冀和长三角农业领域科技合作强度

2.5.5 科技合作力综合评分

综合京津冀和长三角地区在农业领域的核心作者合作论文排名、核心合作论文比例排名、增长倍数排名、合作贡献度排名、合作论文强度排名，对京津冀和长三角2个区域6个省市在农业领域的科技合作力进行综合评分，打分依据为：排名第一计6分，排名第二计5分，排名第三计4分，依次类推。京津冀地区得分为北京市、天津市、河北省3省市得分之和，长三角地区得分为上海市、江苏省、浙江省3省市得分之和。

区域整体科技合作力综合评分结果显示，京津冀地区在农业领域的核心作者合作论文得分为9分，核心合作论文比例得分为9分，增长倍数得分为9分，合作贡献度得分为6分，合作论文强度得分为9分，科技合作力综合得分为42分；长三角地区在农业领域的核心作者合作论文得分为12分，核心合作论文比例得分为12分，增长倍数得分为12分，合作贡献度得分为15分，合作论文强度得分为14分，科技合作力综合得分为65分。对比2个区域的得分结果可以看出，长三角地区在农业领域的综合科技合作力整体比京津冀地区高。

分省市科技合作力综合评分结果显示，科技合作力综合得分最高的省份为江苏省（27分），其在增长倍数、合作贡献度、合作论文强度3个指标均排名第一；科技合作力综合得分排名第二的是北京市（23分），其在核心作者合作论文数量、核心合作论文比例、合作论文强度3个指标均排名第一；科技合作力综合得分排名第三的是浙江省（21分）（表2.17）。

表2.17 京津冀和长三角农业领域科技合作力综合评分

区域名称	核心作者合作论文得分	核心合作论文比例得分	增长倍数得分	合作贡献度得分	合作论文强度得分	科技合作力综合得分
京津冀	9	9	9	6	9	42
北京市	6	6	2	3	6	23
天津市	2	2	3	2	2	11
河北省	1	1	4	1	1	8
长三角	12	12	12	15	14	65
上海市	3	5	1	4	4	17
江苏省	5	4	6	6	6	27
浙江省	4	3	5	5	4	21

2.6　京津冀和长三角地区农业科技竞争力总结

本章节从学术生产力、学术影响力、学术发展力和科技合作力4个维度对京津冀地区和长三角地区的科技竞争力进行了综合评估，基于统计结果，基本可得出以下结论（表2.18）。

（1）长三角地区的综合科技竞争力高于京津冀地区，且在学术生产力、学术影响力、学术发展力和科技合作力4个方面的竞争力均高于京津冀地区。

（2）2个区域6个省市中，科技竞争力水平从高到低排序依次为江苏省、北京市、浙江省、上海市、天津市、河北省。

（3）2个区域6个省市中，江苏省是学术生产力和科技合作力最高的省份，上海市是学术影响力最高的省份，北京市是学术发展力最高的省份。

（4）京津冀地区各省市之间学术产出差距较大，北京市的科技竞争力远高于河北省和天津市，区域科技竞争力发展不平衡。

（5）长三角地区各省市之间学术产出差距较小，区域科技竞争力发展较平衡，3省市中江苏省的科技竞争力最强。

表2.18 京津冀和长三角农业领域科技竞争力综合评分

区域名称	学术生产力得分	学术影响力得分	学术发展力得分	科技合作力得分	科技竞争力综合得分
京津冀	32	43	58	42	175
北京市	15	21	34	23	93
天津市	13	17	16	11	57
河北省	4	5	8	8	25
长三角	52	62	90	65	269
上海市	10	24	29	17	80
江苏省	23	17	31	27	98
浙江省	19	21	30	21	91

3 区域农业产业竞争力对比分析

京津冀协同发展和长江经济带发展都是我国的重要战略，这两个区域经济发展速度快、人口密度大、生态环境与经济发展协调发展的任务艰巨，而城镇面积持续扩大是这两个区域农业所面临的共同问题。农业产业竞争力是指在自由和公平的市场条件下，某区域农业以其相对于其他区域更高的农业生产率，生产出更多的具有竞争优势的农产品，持续地获得盈利的能力[①]。

3.1 产业竞争力分析模型概述

3.1.1 数据来源

本章数据来源包括：《中国统计年鉴》《中国农业年鉴》《中国农村统计年鉴》《北京市统计年鉴》《天津市统计年鉴》《河北省农村统计年鉴》《上海市统计年鉴》《浙江省统计年鉴》《江苏省统计年鉴》、中国绿色发展中心、农业农村部农业贸易促进中心。数据统计年度为2014—2018年，因统计年鉴更新滞后，2018年部分数据不全，特此说明。

3.1.2 分析指标

本书从农业资源基础竞争力、农业生产竞争力、农业技术竞争力、农业资本竞争力、农业市场竞争力5个维度共18个指标对京津冀地区和长三角地区6个省市的农业产业发展竞争力进行综合定量评估，判断区域发展的优势与短板，以期为

---

① 百度百科. 农业区域竞争力[EB/OL]. [2020-12-13]. https://baike.baidu.com/item/%E5%86%9C%E4%B8%9A%E5%8C%BA%E5%9F%9F%E7%AB%9E%E4%BA%89%E5%8A%9B/3501981?fr=aladdin.

相关管理工作提供支撑。

本书利用年均增长率，以年为单位对各省市、区域的各个指标进行逐年核算，观察各指标平均每年的增长速度。年均增长率的公式如下：

n年数据的年均增长率=［（本期/前n年）^（1/（n-1））-1］×100%

经计算发现，有些指标的年均增长率呈负增长，反应出该省市、区域在农业资源、生产、投入等因素中发生了变化，以下各小节针对计算结果进行了描述与分析。

3.1.3 评价标准

本书以各省市的排名情况作为评价打分依据，针对各指标的排名情况，打分依据为：排名第一的省市计6分，排名第二的省市计5分，排名第三的省市计4分，依次类推。京津冀地区得分为北京市、天津市、河北省3省市得分之和，长三角地区得分为上海市、江苏省、浙江省3省市得分之和。

3.2 农业资源基础竞争力

农业资源包含农业自然资源和农业经济资源，土地、水、气候和生物资源等构成了农业自然资源，而能直接或间接对农业生产发挥作用的社会经济因素和生产成果如人力、劳动力、农业技术装备、农业基础设施等则属于农业经济资源。对农业资源进行定期调查和分析，可以对区域农业现状进行描述，评估开发利用的价值与潜力大小，评价有利或负面因素，明确开发和改造的难易程度。

本书定义的农业资源基础竞争力包括以下6个指标：农业用地面积、人均耕地面积、人均水资源拥有量、粮食作物播种面积、农田灌溉水有效利用系数、第一产业就业人员数量（2018年农业用地面积、人均耕地面积的数据尚未更新）。这些指标既包括土地、水等农业自然资源，也涵盖了人力、劳动力等农业经济资源，可以较为全面和客观地评估京津冀和长三角地区的农业资源基础竞争力。

3.2.1 农业用地面积

农业用地为一个国家、地区或生产单位直接和间接用于农业生产，以及农业生产可以利用的土地面积。包括耕地、园地、林地、牧草地、可养殖水面、宜垦

3 区域农业产业竞争力对比分析

荒地以及其他农业用地（如农田水利建设、房屋、田间道路等）。我国面临农业用地后备资源有限，按人口平均的农业用地面积少的问题。

表3.1、图3.1和图3.2展示了京津冀地区和长三角地区及各省市2014—2017年的农业用地面积及变化情况。总体来说，长三角地区的农业用地面积要略多于京津冀地区，但两个地区农业用地面积与全国变化趋势相同，呈现负增长趋势，我国农业用地问题凸显。

表3.1　2014—2017年各区域农业用地面积情况　　　　　（单位：千公顷）

区域名称	2014年	2015年	2016年	2017年	年均增长率（2014—2017年）	年均增长率排名
全国	646 168.0	645 456.8	645 126.6	644 863.6	-0.07%	—
北京市	1 151.0	1 147.8	1 145.6	1 146.7	-0.12%	1
天津市	701.0	696.4	694.3	692.1	-0.43%	6
河北省	13 120.0	13 084.3	13 069.2	13 064.4	-0.14%	2
京津冀	14 972.0	14 928.5	14 909.1	14 903.2	-0.15%	—
上海市	317.0	314.6	314.0	313.4	-0.38%	5
浙江省	8 642.0	8 613.3	8 598.8	8 588.9	-0.21%	3
江苏省	6 527.0	6 497.0	6 482.0	6 470.4	-0.29%	4
长三角	15 486.0	15 424.9	15 394.8	15 372.7	-0.24%	—

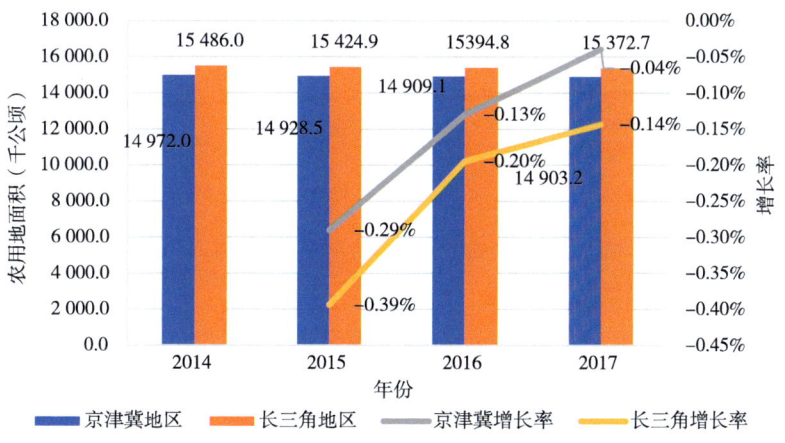

图3.1　京津冀和长三角农业用地面积及增长率

从农业用地面积数量看，京津冀地区中，河北省农业用地面积最大，2018年农业用地面积占京津冀地区的91.29%。长三角地区中浙江省和江苏省农业用地较多，上海市农业用地面积很少。可以看出，两个地区中3个直辖市农业用地面积都处于较低水平，这是由直辖市本身面积有限决定的。

从年均增长率看，京津冀地区、长三角地区及各省市均为负增长，且高于全国水平。2014—2017年，长三角地区农业用地面积年均增长率为-0.24%，高于京津冀地区的-0.15%。京津冀地区中，北京市和河北省的年均增长率接近，分别为-0.12%和-0.14%，天津市最高，为-0.43%，也是6个省市中最高的，说明其农业用地面积下降最快；长三角地区中，上海市为-0.38%，也明显高于浙江省的-0.21%和江苏省的-0.29%。

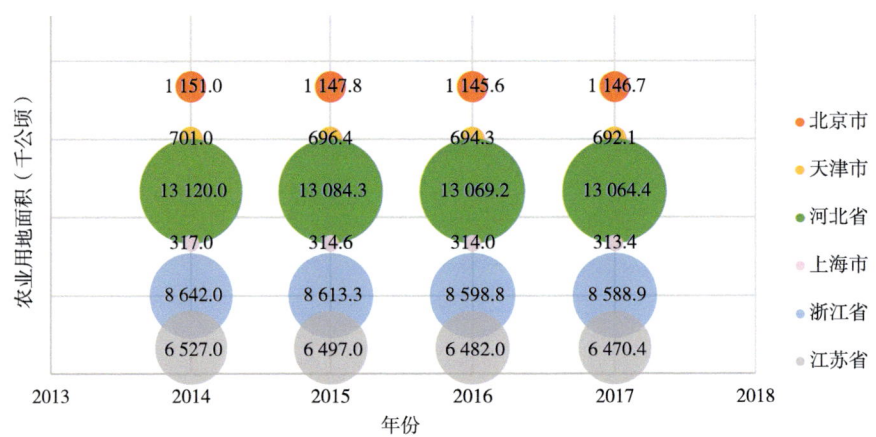

图3.2　2014—2017年各省市农业用地面积变化情况

3.2.2　人均耕地面积

耕地是土地资源和农业生产中最重要的，可有效保障国家粮食安全，是指能够用来种植农作物且经常进行耕锄的田地。长期以来，我国处于人口众多，但人均耕地面积不足的境地，耕地供需矛盾突显。本指标中的人均耕地面积=地区耕地总面积/地区总人口数量。

表3.2展示了全国、各省市、区域人均耕地面积变化趋势。从全国层面来看，人均耕地面积呈略减少的趋势，由2014年0.098 7公顷/人，降至2017年0.097 0公顷/人，下降了1.72%。各省市中，除上海市人均耕地面积较稳定且略有

增长外,其余5省市均呈下降趋势,这与城镇化快速发展以及耕地使用不合理有密切联系。相对来说,京津冀地区人均耕地面积要大于长三角地区,2017年京津冀地区人均耕地面积为0.063 7公顷/人,长三角地区为0.041 9公顷/人,仅为京津冀地区的65.78%。

从年均增长率来看,京津冀地区和长三角地区均为负增长,且京津冀地区(-0.69%)高于长三角地区(-0.42%),说明京津冀地区人均耕地面积下降速度更快。京津冀地区中,河北省的下降速度最低,为-0.69%,北京市最高,为-1.24%,也是6个省市中唯一超过-1%的。长三角地区中,上海市的年均增长率最高,为0.71%,也是唯一呈现正增长的地区。

表3.2 2014—2017年各区域人均耕地面积情况　　　　（单位：公顷/人）

区域名称	2014年	2015年	2016年	2017年	年均增长率（2014—2017年）	年均增长率排名
全国	0.098 7	0.098 2	0.097 6	0.097 0	-0.58%	—
北京市	0.010 2	0.010 1	0.010 0	0.009 8	-1.24%	6
天津市	0.028 8	0.028 2	0.028 0	0.028 1	-0.89%	5
河北省	0.088 5	0.087 9	0.087 3	0.086 7	-0.69%	3
京津冀	0.065 1	0.064 5	0.064 0	0.063 7	-0.69%	—
上海市	0.007 8	0.007 9	0.007 9	0.007 9	0.71%	1
浙江省	0.035 9	0.035 7	0.035 3	0.034 9	-0.88%	4
江苏省	0.057 5	0.057 4	0.057 1	0.057 0	-0.29%	2
长三角	0.042 4	0.042 3	0.042 1	0.041 9	-0.42%	—

3.2.3 人均水资源拥有量

人均水资源拥有量是衡量一个国家或地区可利用水资源程度的指标之一,我国是严重干旱缺水国家,2016年的数据显示,我国人均水资源拥有量仅为世界水平的1/4[①],这对我国农业发展的影响巨大。

由表3.3、图3.3和图3.4可知,2014年后,各地区人均水资源拥有量总体呈现小幅上升然后又下滑的趋势。2014—2018年,各地人均水资源拥有量的最高值除

---

① 中国环保网. 全国部分省市水资源总量及人均水资源量排名[EB/OL].（2016-08-29）[2020-12-13]. http://www.h2o-china.com/news/245343.html.

北京市外，都在2015年和2016年，2017—2018年较之前几年有明显下降。以人均水资源拥有量最高的浙江省为例。最高年份为2015年的2 547.0立方米/人，之后连续下滑，2018年为1 520.0立方米/人，不足2015年的60%。京津冀地区人均水资源拥有量远低于长三角地区。2018年，京津冀地区人均水资源拥有量为495.0立方米/人，不足长三角地区（2 151.0立方米/人）的1/4，仅为23%。京津冀地区的先天水资源条件以及水质条件均不如长三角地区，且由于北京市、天津市人口密集，造成人均水资源拥有量成为该地区农业基础资源的短板。

从全国和6个省市以及区域人均水资源拥有量的年度变化趋势可看出，京津冀地区长期存在着水资源短缺突出的问题，在该地区中，河北省人均水资源拥有量相对较多，天津市最少。2017年，该地区3个省市的人均水资源都有下降，但2018年又小幅回升，涨幅分别为：19.71%、34.52%和17.20%。长三角地区拥有的水资源虽然远超京津冀地区，但存在着中下游自然岸线开发强度大，滨岸带生态风险大的问题[①]。该地区的3个省市中，浙江省人均水资源拥有量明显大于上海市和江苏省。2017—2018年浙江省和江苏省的人均水资源拥有量持续下降，2018年较之2017年分别下降了5.53%和4.27%。

从年均增长率来看，全国人均水资源拥有量2018年与2014年持平，所以年均增长率为0。京津冀地区为11.92%，高于全国水平，比长三角地区的−5.99%高17.91个百分点。京津冀地区中，北京市、天津市、河北省3省市的年均增长率均大于0，河北省最高，为73.39%，天津市最低，仅为0.58%。长三角地区的3省市年均增长率均小于0，浙江省降低速度最快，为−7.29%，但人均水资源拥有量仍排在6省市首位。

表3.3　2014—2018年各区域人均水资源拥有量情况　　（单位：立方米/人）

区域名称	2014年	2015年	2016年	2017年	2018年	年均增长率（2014—2018年）	年均增长率排名
全国	1 998.6	2 354.9	2 086.0	1 972.0	1 998.6	0.00%	—
北京市	95.1	124.0	161.6	137.0	164.0	14.60%	2
天津市	76.1	84.0	121.6	84.0	113.0	0.58%	3
河北省	144.3	182.0	279.7	186.0	218.0	73.39%	1

① 中新网. 生态环境部:京津冀水资源量短缺严重制约区域生态安全[EB/OL]. (2018-09-29) [2020-12-13]. http://www.takungpao.com/news/232108/2018/0929/182689.html.

（续表）

区域名称	2014年	2015年	2016年	2017年	2018年	年均增长率（2014—2018年）	年均增长率排名
京津冀	315.5	390.0	562.9	407.0	495.0	11.92%	—
上海市	194.8	265.0	252.3	141.0	160.0	−0.11%	4
浙江省	2 057.3	2 547.0	2 378.1	1 609.0	1 520.0	−7.29%	6
江苏省	502.3	731.0	928.6	492.0	471.0	−1.60%	5
长三角	2 754.4	3 543.0	3 559.0	2 242.0	2 151.0	−5.99%	—

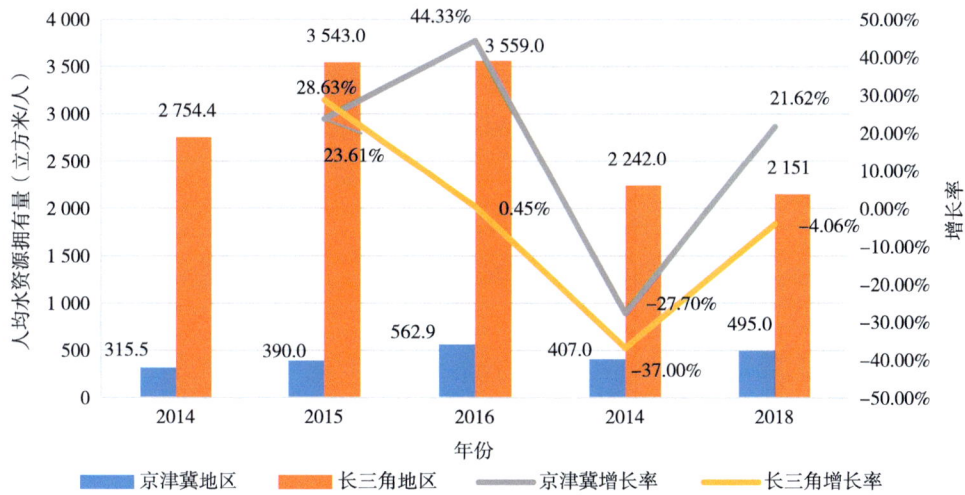

图3.3　京津冀和长三角人均水资源拥有量及增长率

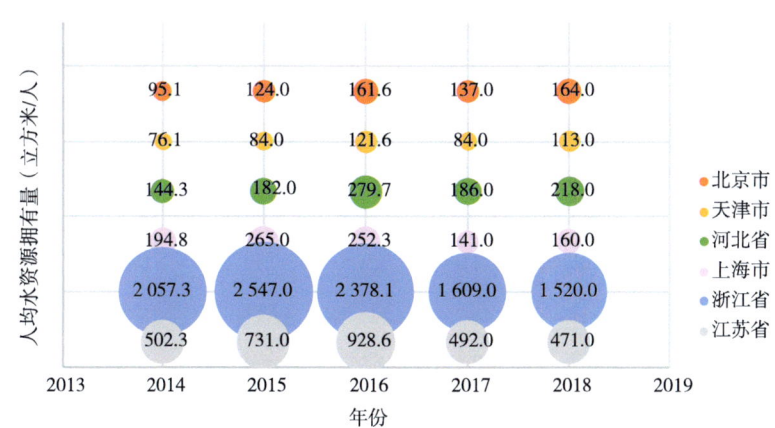

图3.4　各省市人均水资源拥有量变化情况

3.2.4 粮食作物播种面积

粮食生产与人民生活、物资储备、国家稳定以及国际地位密切相关，是国家重要的战略物资，人民生活的必需品。粮食作物播种面积是指全年实际播种的谷物、豆类和薯类等粮食作物的面积。

由表3.4、图3.5和图3.6可知，全国粮食作物播种面积自2016年开始下降。2020年11月，国务院办公厅发布《关于防止耕地"非粮化"稳定粮食生产的意见》[1]，要求充分认识耕地"非粮化"稳定粮食生产的重要性和紧迫性，坚决防止耕地"非粮化"倾向，落实粮食生产责任，保护永久基本农田。

从京津冀和长三角粮食作物播种面积变化趋势可看出，京津冀地区的粮食作物播种面积要稍高于长三角地区。但两个地区的粮食作物播种面积均逐年下降，呈负增长趋势，京津冀地区降幅更大，京津冀地区由2014年的7 145.5千公顷下降至2018年的6 944.5千公顷，下降了6.59%，长三角地区则由6 709.9千公顷下降至6 581.5千公顷，下降了1.91%。

河北省与浙江省粮食作物播种面积最大，这和两省天然的地理条件相关。北京市、天津市以及上海市是以政治、经济、文化为主的直辖市，因此粮食作物播种面积远低于其他3省。这3个直辖市，特别是北京市和上海市的播种面积逐年降低。北京市的年均增长率达到-17.53%，上海市也达到了-8.67%。虽然天津市粮食作物播种面积数值较低，但年均增长率保持了0.25%的水平，是6省市唯一增长的地区。

表3.4　2014—2018年各区域粮食作物播种面积情况　　（单位：千公顷）

区域名称	2014年	2015年	2016年	2017年	2018年	年均增长率（2014—2018年）	年均增长率排名
全国	117 455.0	118 963.0	119 230.0	117 989.1	117 038.0	-0.09%	—
北京市	120.2	104.5	87.3	66.8	55.6	-17.53%	6
天津市	346.7	352.1	362.0	351.4	350.2	0.25%	1
河北省	6 678.6	6 772.1	6 791.4	6 658.5	6 538.7	-0.53%	3
京津冀	7 145.5	7 228.7	7 240.7	7 076.7	6 944.5	-0.71%	—

---

[1] 中华人民共和国中央人民政府. 国务院办公厅关于防止耕地"非粮化"稳定粮食生产的意见 [EB/OL]. (2020-11-17）[2020-12-13]..http://www.gov.cn/zhengce/content/2020-11/17/content_5562053.html.

(续表)

区域名称	2014年	2015年	2016年	2017年	2018年	年均增长率（2014—2018年）	年均增长率排名
上海市	186.7	181.3	158.5	133.1	129.9	-8.67%	5
浙江省	1 005.6	989.7	951.4	977.2	975.7	-0.75%	4
江苏省	5 517.6	5 572.5	5 583.3	5 527.3	5 475.9	-0.19%	2
长三角	6 709.9	6 743.5	6 693.2	6 637.6	6 581.5	-0.48%	—

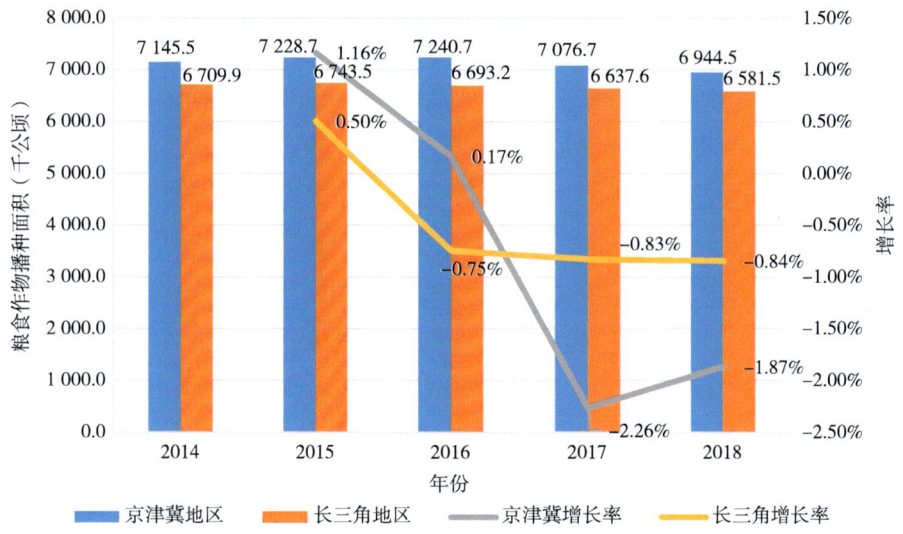

图3.5 京津冀和长三角粮食作物播种面积及增长率

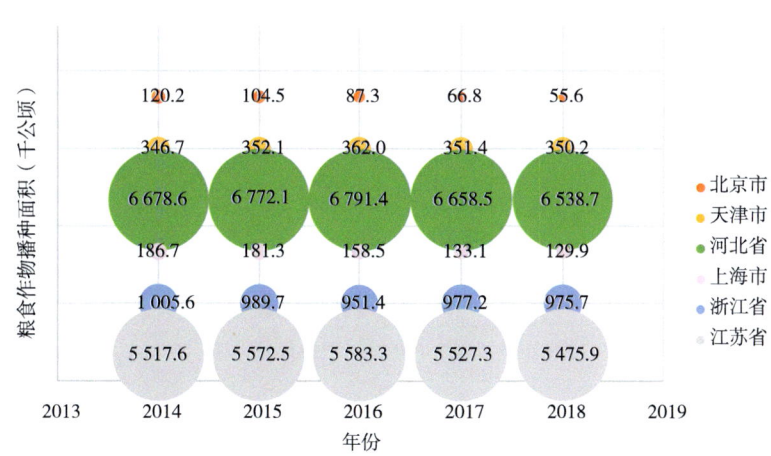

图3.6 各省市粮食作物播种面积变化情况

3.2.5 农田灌溉水有效利用系数

农业灌溉用水有效利用系数指在一次灌水期间被农作物利用的净水量与水源渠首处总引进水量的比值,是衡量灌区从水源引水到田间作物吸收利用水的过程中灌溉水利用程度的重要指标。该指标受不同区域自然条件、土壤类型、灌区工程状况、灌溉技术等因素影响。

本指标中的京津冀地区和长三角地区的区域系数=各地区3省市系数之和/3。

从表3.5、图3.7和图3.8可看出,全国农田灌溉水有效利用系数呈逐年上升趋势,说明我国灌溉水的利用率在逐步改善。各省市的数据显示,上海市、北京市、天津市的灌溉水有效利用系数要优于其他省,其原因可能是这些地区土地平整度较好,灌溉管理水平和技术较高,喷微灌等节水灌溉技术应用广泛[1]。

京津冀和长三角农田灌溉水有效利用系数变化趋势可看出,京津冀地区农田灌溉水有效利用系数稍高于长三角地区,可见京津冀地区灌溉水利用程度较高,浪费的灌溉水较少。京津冀地区和长三角地区农田灌溉水有效利用系数总体逐年上升,但增长速度从2016年起逐渐放缓,京津冀地区持续下降,长三角地区2018年略有上升。从年均增长率看,京津冀地区高于长三角地区,分别为0.85%和0.54%,但都低于全国的1.07%,由此可以看出,京津冀地区和长三角地区在农田灌溉水有效利用系数提升方面还有较大的潜力。从6省市来看,北京市和天津市较高,均超过了1.00%,分别为1.16%和1.04%。长三角地区中,江苏省最高,为0.80%,上海市最低,仅为0.19%。

表3.5 2014—2019年各区域农田灌溉水有效利用系数情况

区域名称	2014年	2015年	2016年	2017年	2018年	2019年	年均增长率（2014—2019年）	年均增长率排名
全国	0.530	0.536	0.542	0.548	0.554	0.559	1.07%	—
北京市	0.705	0.710	0.723	0.732	0.742	0.747	1.16%	1
天津市	0.678	0.687	0.695	0.703	0.708	0.714	1.04%	2
河北省	0.664	0.670	0.671	0.672	0.673	0.674	0.30%	5
京津冀	0.682	0.689	0.696	0.702	0.708	0.712	0.85%	—

---

[1] 孔东,冯保清,郭慧滨,等.典型区灌溉用水有效利用系数比较分析[J].中国水利,2009（3）：25-27.

3　区域农业产业竞争力对比分析

（续表）

区域名称	2014年	2015年	2016年	2017年	2018年	2019年	年均增长率（2014—2019年）	年均增长率排名
上海市	0.731	0.735	0.736	0.736	0.737	0.738	0.19%	6
浙江省	0.579	0.582	0.587	0.592	0.597	0.600	0.72%	4
江苏省	0.590	0.598	0.605	0.608	0.612	0.614	0.80%	3
长三角	0.633	0.638	0.643	0.645	0.649	0.651	0.54%	—

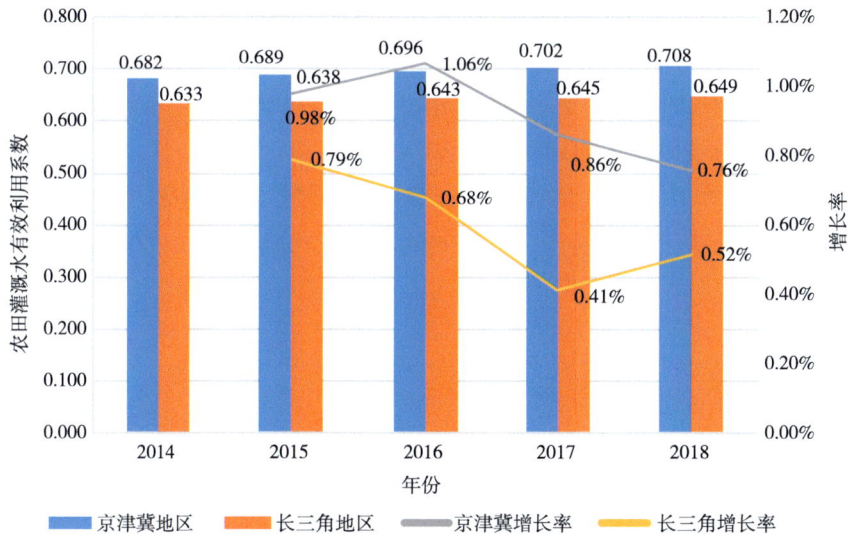

图3.7　京津冀和长三角农田灌溉水有效利用系数及增长率

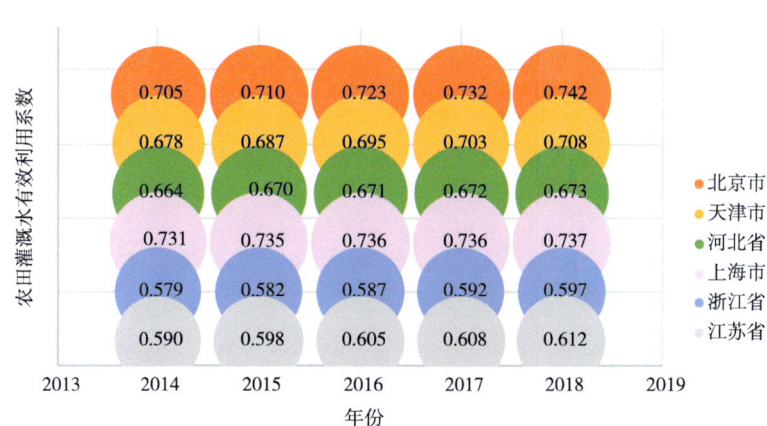

图3.8　各省市农田灌溉水有效利用系数变化情况

77

3.2.6　第一产业从业人员数量

表3.6、图3.9和图3.10为京津冀地区和长三角地区第一产业从业人员数量及变化趋势，可以反映2个地区从事农业活动人员的变化情况。京津冀地区第一产业从业人员要远少于长三角地区，主要是由于北京市和天津市从事农业劳动的人员较少。随着种植、养殖机械化水平的提高，大量劳动力从中解放且越来越多的人离开农村从事第二或第三产业相关工作，2014—2018年，两个地区第一产业从业人员数量整体均呈下降趋势，但降幅不显著，京津冀地区和长三角地区分别为3.30%和1.47%。而两个地区中各省市之间的差距较大，河北省为2.52%，北京市为13.36%；江苏省为0.21%，浙江省为12.73%。北京市、天津市、上海市这3个直辖市第一产业从业人员数明显低于其他3省，在40万～60万人，仅为数量最高的江苏省（4 750.90万人）的1.00%左右。

从年均增长率看，不同地区不同省市均为负增长。京津冀下降速度高于长三角地区；6省市中江苏省最低，为-0.05%，北京市最高为-3.52%，高于江苏省3.47个百分点。

表3.6　2014—2018年各区域第一产业从业人员数量　　（单位：万人）

区域名称	2014年	2015年	2016年	2017年	2018年	年均增长率（2014—2018年）	年均增长率排名
全国	22 790.00	21 919.00	21 496.00	20 944.00	20 258.00	-2.90%	—
北京市	52.40	50.30	49.60	48.80	45.40	-3.52%	6
天津市	67.98	66.17	65.10	62.71	60.07	-3.05%	4
河北省	1 389.29	1 371.37	1 369.28	1 354.71	1 354.33	-0.64%	2
京津冀	1 509.67	1 487.84	1 483.98	1 466.22	1 459.80	-0.84%	—
上海市	44.81	46.01	45.45	42.44	40.83	-2.30%	3
浙江省	501.73	492.69	466.24	447.90	437.86	-3.35%	5
江苏省	4 760.83	4 758.50	4 756.22	4 757.80	4 750.90	-0.05%	1
长三角	5 307.37	5 297.20	5 267.91	5 248.14	5 229.59	-0.37%	—

3 区域农业产业竞争力对比分析

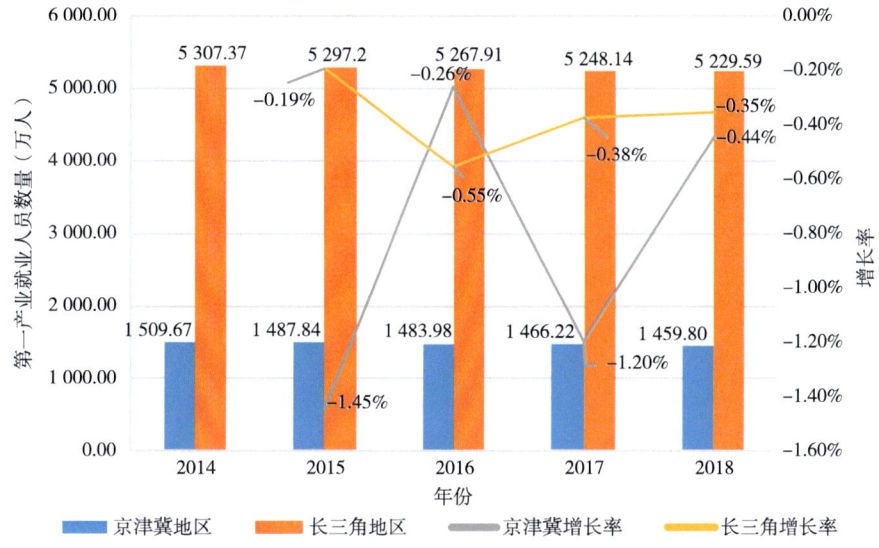

图3.9 京津冀和长三角第一产业就业人员数量及增长率

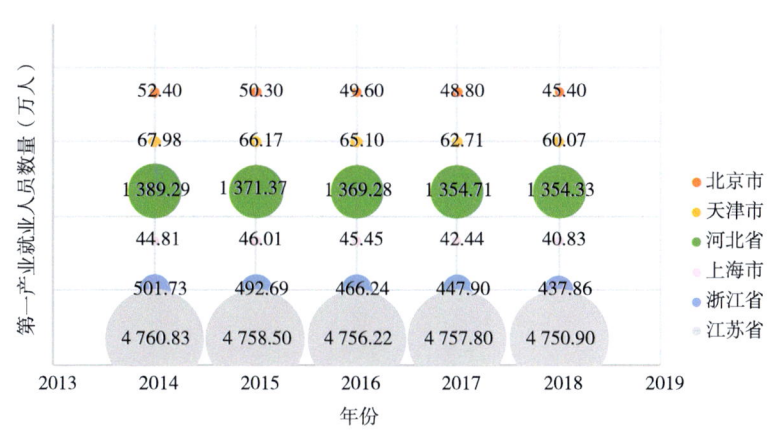

图3.10 各省市第一产业就业人员数量变化情况

3.2.7 农业资源基础竞争力综合评分

综合京津冀和长三角地区农业用地面积、人均耕地面积、人均水资源拥有量、粮食作物播种面积、农业灌溉水有效利用系数的年均增长率，第一产业从业人员数排名，对京津冀和长三角2个区域6个省市在农业资源基础竞争力方面进行综合评分，打分依据为：排名第一计6分，排名第二计5分，排名第三计4分，依次类推。京津冀地区得分为北京市、天津市、河北省3省市得分之和，长三角地区得分为上海市、江苏省、浙江省3省市得分之和。

农业资源基础竞争力综合评分结果显示，京津冀地区得分为67分，高于长三角地区的59分。具体来看，京津冀地区在农业用地面积年均增长率、人均水资源拥有量年均增长率、农业灌溉水有效利用系数年均增长率3个方面得分高于长三角地区，分别为12分、15分和13分；长三角地区在人均耕地面积年均增长率、第一产业人员从业人数2个方面得分高于京津冀地区，分别为14分和12分。2个地区的粮食作物播种面积年均增长率得分接近，京津冀地区为11分，长三角地区为10分。

分省市农业资源基础竞争力综合评分结果显示，得分最高的为河北省（26分），其人均水资源拥有量年均增长率得6分；得分排名第二位的是江苏省（25分），其第一产业人员从业人数得分6分；得分排名第三位的是天津市（21分），其粮食作物播种面积年均增长率得分6分。北京市虽然农业用地面积年均增长率和农田灌溉水有效利用系数年均增长率均得分6分，但人均耕地面积年均增长率、第一产业人员从业人数得分均为1分，所以总分数仅为20分，排名第4位（表3.7）。

表3.7　京津冀和长三角地区农业资源基础竞争力综合评分

区域名称	农业用地面积年均增长率得分	人均耕地面积年均增长率得分	人均水资源拥有量年均增长率得分	粮食作物播种面积年均增长率得分	农田灌溉水有效利用系数年均增长率得分	第一产业人员从业人数得分	农业资源基础竞争力综合得分
京津冀	12	7	15	11	13	9	67
北京市	6	1	5	1	6	1	20
天津市	1	2	4	6	5	3	21
河北省	5	4	6	4	2	5	26
长三角	9	14	6	10	8	12	59
上海市	2	6	3	2	1	4	18
浙江省	4	3	1	3	3	2	16
江苏省	3	5	2	5	4	6	25

3.3 农业生产竞争力

农业生产过程中涉及自然资源、劳动力等必要的投入，在这些投入的基础上经过劳动力的工作即可获得农业产出。随着社会生产力的发展、生产技术的进步以及经济水平的改善，农业劳动力得到极大提升，可促进农业生产成果的产出。因此对农业生产相关指标进行评估，可判断该区域农业生产规模和生产力水平。

本部分包含以下3个指标：农业总产值、单位面积粮食产量、农业增加值。

3.3.1 农业总产值

农业总产值是一定时期（通常为一年）内以货币形式表现的农、林、牧、渔业全部产品的总量，用来反映农业生产总规模和总成果。

从表3.8、图3.11和图3.12可看出，我国农业总产值整体呈上升趋势，至2018年已突破61 000亿元，比2014年增长了12.20%。京津冀地区中，河北省贡献的农业总产值最多，且在2016年农业总产值下降至2 772.9亿元后，2018年又回升至3 085.9亿元。长三角地区中，2018年江苏省贡献的农业总产值最多，为3 735.0亿元，其次是浙江省，为1 518.0亿元。

从京津冀地区和长三角地区农业总产值的变化趋势可看出，京津冀地区农业总产值总体低于长三角地区，2018年分别为3 397.8亿和5 403.1亿元，前者为后者的62.89%。另外，京津冀地区农业生产总值2018年与2014年相比出现较大幅度的下降，降幅为11.50%，而长三角地区则实现了9.86%的增长。在此期间，2016年，两地区农业生产总值均有下降，京津冀地区下降19.14%，较长三角地区下降更明显。2017—2018年两区域农业总产值开始回升。从年均增长率来看，京津冀地区为-3.01%，长三角地区为2.38%，但仍低于全国水平的2.92%。6省市中，江苏省的年均增长率最高，为2.66%，北京市年均则为-7.27%。

表3.8 2014—2018年各区域农业生产总值情况　　　（单位：亿元）

区域名称	2014年	2015年	2016年	2017年	2018年	年均增长率（2014—2018年）	年均增长率排名
全国	54 771.5	57 635.8	55 659.9	58 059.8	61 452.6	2.92%	—
北京市	155.1	154.5	145.2	129.8	114.7	-7.27%	6
天津市	230.7	238.0	181.9	183.3	197.2	-3.85%	5

（续表）

区域名称	2014年	2015年	2016年	2017年	2018年	年均增长率（2014—2018年）	年均增长率排名
河北省	3 453.4	3 441.4	2 772.9	2 890.6	3 085.9	-2.77%	3
京津冀	3 839.2	3 833.9	3 100.0	3 203.6	3 397.8	-3.01%	—
上海市	169.5	162.0	146.6	146.4	150.1	-2.99%	4
浙江省	1 386.0	1 434.7	1 455.3	1 494.5	1 518.0	2.30%	2
江苏省	3 362.8	3 722.1	3 663.4	3 764.7	3 735.0	2.66%	1
长三角	4 918.3	5 318.8	5 265.3	5 405.6	5 403.1	2.38%	—

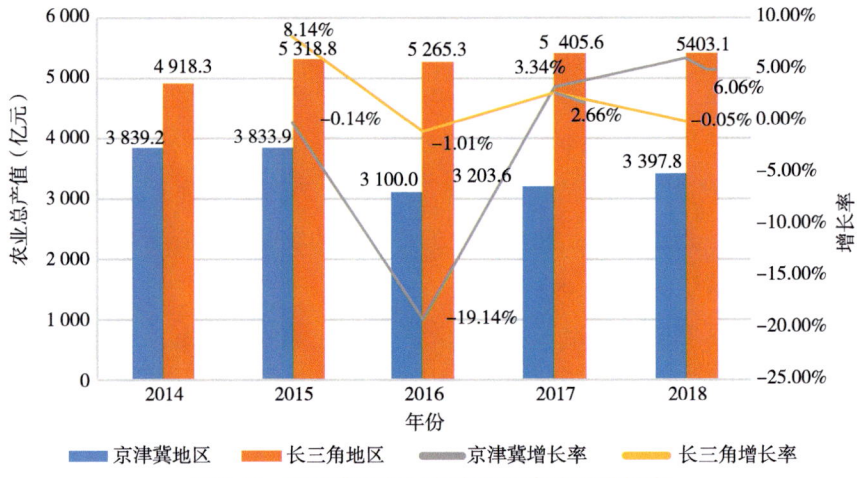

图3.11 京津冀和长三角农业总产值及增长率

图3.12 各省市农业总产值变化情况

3.3.2 单位面积粮食产量

提高单位面积粮食产量，提升粮食综合生产能力是新时期保障粮食安全的重要战略。粮食作物品种改良、有效灌溉面积、农业机械总动力、化肥施用情况、本年度受灾情况以及政府收购政策等都会对单位面积粮食产量起到一定影响。

本指标中的单位面积粮食产量=粮食总产量/粮食作物播种面积。

表3.9、图3.13和图3.14为全国、各省市、区域单位面积粮食产量变化趋势。从全国角度来看，我国单位面积粮食产量在逐年增长，体现我国对粮食生产扶持力度加大，粮食品种得到优化，农业生产技术提升、机械化水平也在不断提高。从各省市的数据来看，2018年各省市单位面积粮食产量与2014年相比均有不同程度的提高，其中上海市提升幅度最大，2018年单位面积粮食产量较2014年提高了32.53%。京津冀3省市也在10%以上，长三角其他2省市也在5%左右。

从京津冀地区和长三角地区单位面积粮食产量可看出，京津冀地区单位面积粮食产量低于长三角地区，且2014—2018年间处于波动中，2015年和2018年2次出现负增长。2016年起，长三角地区单位面积粮食产量稳中上升，2018年达到6 629.34千克/公顷，比2017年增长了2.23%，比京津冀地区的5 680.31千克/公顷高16.71%。虽然两地区单位面积粮食产量有所波动，但总体仍高于全国水平。

从年均增长率看，虽然京津冀单位面积粮食产量低于长三角地区，但年均增长率却高于长三角地区，2018年，京津冀地区为3.03%，比长三角地区的1.33%高1.70个百分点。6省市中，年均增长率未出现负值，上海市最高，为7.30%，随后是天津市（3.89%）和北京市（3.64%）。

表3.9 2014—2018年各区域单位面积粮食产量情况 （单位：千克/公顷）

区域名称	2014年	2015年	2016年	2017年	2018年	年均增长率（2014—2018年）	年均增长率排名
全国	5 445.90	5 553.01	5 539.17	5 607.36	5 621.18	0.80%	—
北京市	5 316.14	5 990.43	6 151.20	6 152.69	6 133.09	3.64%	3
天津市	5 139.31	5 239.42	5 535.91	6 040.69	5 987.72	3.89%	2
河北省	5 031.29	4 967.14	5 094.97	5 750.84	5 659.99	2.99%	4
京津冀	5 041.33	4 995.20	5 129.75	5 769.03	5 680.31	3.03%	—

(续表)

区域名称	2014年	2015年	2016年	2017年	2018年	年均增长率（2014—2018年）	年均增长率排名
上海市	6 025.71	6 183.12	6 258.68	7 498.12	7 986.14	7.30%	1
浙江省	5 807.48	5 706.78	6 097.33	6 075.52	6 140.21	1.40%	5
江苏省	6 385.15	6 450.76	6 344.73	6 532.67	6 684.31	1.15%	6
长三角	6 288.58	6 334.37	6 307.52	6 484.72	6 629.34	1.33%	—

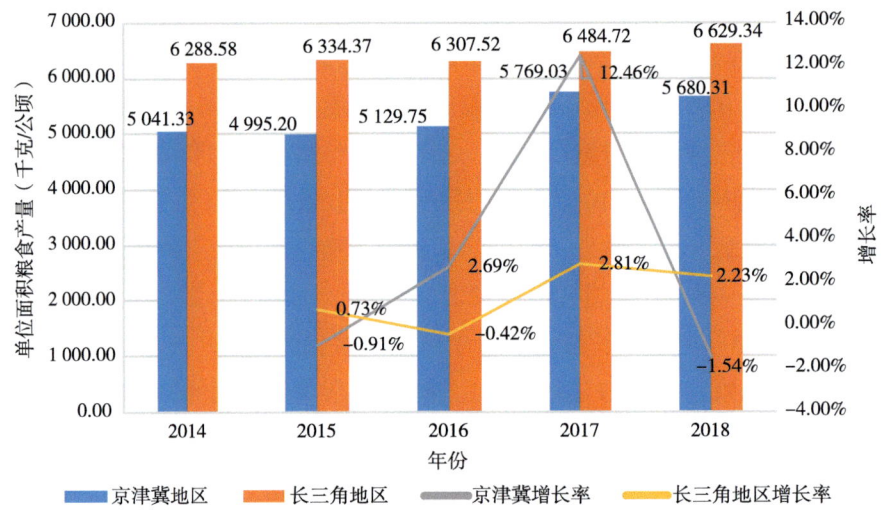

图3.13　京津冀和长三角单位面积粮食产量及增长率

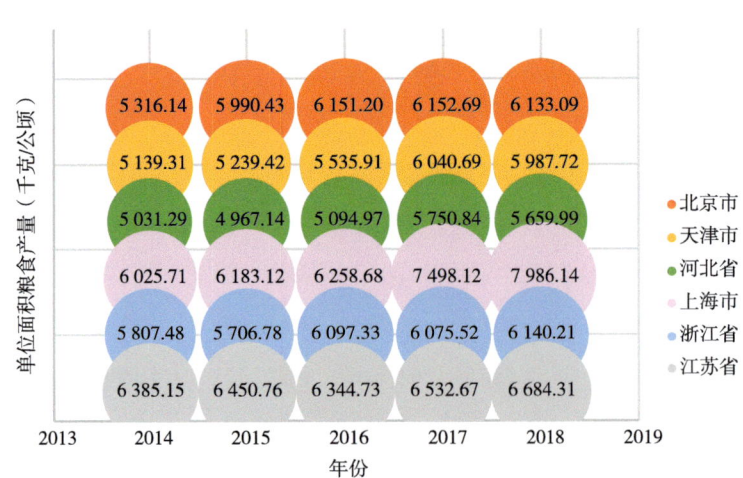

图3.14　各省市单位面积粮食产量变化情况

3.3.3 农业增加值

农业增加值是指在一定的报告期内，农林牧渔以及农林牧渔生产货物或提供活动而增加的价值，该指标用货币的形式进行体现。农业增加值可全面反映农业基层投入与产出、效益与收入，帮助改善经营管理，提高农业经济效益。

由表3.10、图3.15和图3.16可知全国、各省市、区域农业增加值变化趋势。2014—2018年，我国农业总产值虽有波动，但整体呈现上升趋势。京津冀地区中，3省市总体呈现下降趋势，且在2017年出现较大幅度的下降，天津市和河北省在2018年有小幅回升。长三角地区中，除上海市的农业增加值下降，浙江省和江苏省整体呈增长趋势，2018年农业总产值与2014年相比，涨幅分别为8.76%和15.53%。

从京津冀和长三角农业增加值变化趋势可以看出，长三角地区优势明显，农业增加值呈现稳步上升的趋势，且高于京津冀地区，体现该地区的农业生产创造了较高的社会价值。2018年，长三角地区农业增加值为3 825.0亿元，比京津冀地区高67.05%。

从年均增长率来看，长三角地区为3.07%，比京津冀地区（-2.34%）高5.41个百分点。6省市中仅浙江省和江苏省保持了正增长，分别为3.68%和2.12%。

表3.10 2014—2018年各区域农业增加值变化情况 （单位：亿元）

区域名称	2014年	2015年	2016年	2017年	2018年	年均增长率（2014—2018年）	年均增长率排名
全国	35 257.5	37 029.7	38 152.4	37 426.5	39 610.3	2.95%	—
北京市	70.9	70.3	66.0	59.0	51.1	-7.86%	6
天津市	111.4	116.1	121.0	95.1	96.8	-3.45%	4
河北省	2 335.4	2 337.5	2 359.8	2 014.6	2 141.9	-2.14%	3
京津冀	2 517.7	2 523.9	2 546.8	2 168.7	2 289.8	-2.34%	—
上海市	74.1	66.7	63.2	62.5	63.3	-3.86%	5
浙江省	1 000.7	1 032.6	1 094.5	1 072.6	1 088.4	2.12%	2
江苏省	2 313.9	2 566.2	2 569.4	2 603.6	2 673.3	3.12%	1
长三角	3 388.7	3 665.5	3 727.1	3 738.7	3 825.0	3.07%	—

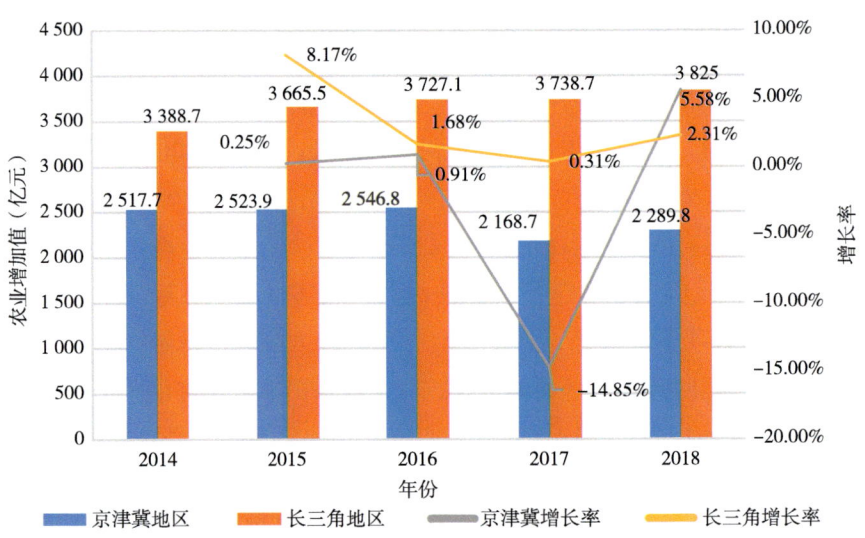

图3.15 京津冀和长三角农业增加值及增长率

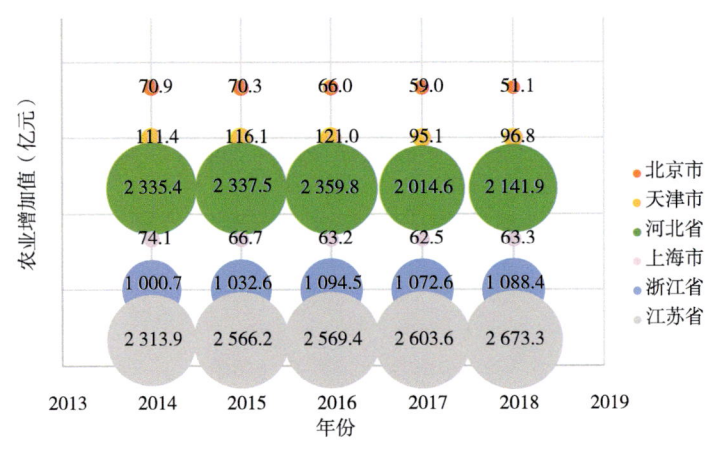

图3.16 各省市农业增加值变化情况

3.3.4 农业生产竞争力综合评分

综合京津冀和长三角地区农业总产值年均增长率、单位面积粮食产量年均增长率和农业增加值年均增长率排名,对京津冀和长三角2个区域6个省市在农业生产竞争力方面进行综合评分,打分依据为:排名第一计6分,排名第二计5分,排名第三计4分,依次类推。京津冀地区得分为北京市、天津市、河北省3省市得分之和，长三角地区得分为上海市、江苏省、浙江省3省市得分之和。

农业生产竞争力综合评分结果显示，长三角地区得分为36分，高于京津冀地区的27分。具体来看，京津冀地区的单位面积粮食产量年均增长率得分高于长三角地区，为12分；长三角地区农业总产值年均增长率和农业增加值年均增长率2个方面得分高于京津冀地区，分别为14分和13分。

分省市农业生产竞争力综合评分结果显示，得分最高的为江苏省（13分），其农业总产值年均增长率和农业增加值年均增长率得分均为6分；得分排名第二位的是浙江省（12分）；得分排名第三位的是上海市和河北省（11分），其中上海市的单位面积粮食产量年均增长率得分为6分。天津市和北京市得分排名分别为第5位和第6位（表3.11）。

表3.11 京津冀和长三角地区农业生产竞争力综合评分

区域名称	农业总产值年均增长率得分	单位面积粮食产量年均增长率得分	农业增加值年均增长得分	农业生产竞争力综合得分
京津冀	7	12	8	27
北京市	1	4	1	6
天津市	2	5	3	10
河北省	4	3	4	11
长三角	14	9	13	36
上海市	3	6	2	11
浙江省	5	2	5	12
江苏省	6	1	6	13

3.4 农业技术竞争力

农业技术是指用于农业生产方面的科学技术以及针对农业农村发展的一些农产品加工技术，它是农业发展的第一推动力，我国农业取得的长足发展离不开农业技术在其中发挥的巨大作用。现代农业技术包括杂交育种、无土栽培、温室、机械化、设施农业、农业生物技术等。

本部分包括以下3个指标：单位面积机械总动力、节水灌溉面积、农膜使用量，通过对这3个指标进行分析，对比2个区域的农业技术竞争力发展状况。

3.4.1 单位面积机械总动力

农业机械化水平的提升是改善农业生产经营的必要条件，是不断提高农业生产技术水平、经济效益、生态效益的基础之一，也是农业现代化的重要组成部分。农业机械总动力包括机耕、机灌、机收、机运等在内的各种用于农、林、牧、渔业的机械动力总和[①]。

本指标使用的单位面积机械总动力=机械总动力/耕地面积。

由表3.12、图3.17和图3.18可知，全国单位面积机械总动力在2016—2017年略有下降。河北省单位面积机械总动力要略优于其他5个省市，但2016年后下降较明显。上海市单位面积机械总动力最低，但保持稳定，保持在6.3～6.4千瓦/公顷。

从京津冀和长三角单位面积机械总动力变化趋势可以看出，京津冀地区单位面积总动力要优于长三角地区。究其原因是京津冀地区地处华北平原，农业生产自然条件优越，更适合大规模的农机化作业，其次该地区的农机投入也较高。2016年后，京津冀地区单位面积机械总动力有明显下降，2016年降幅为32.19%，长三角地区单位面积机械总动力较稳定，保持在10.7千瓦/公顷左右。

从年均增长率看，京津冀地区-11.13%的降幅明显高于长三角地区-0.03%。6省市中，江苏省和上海市实现了正增长，其他4省市均为负增长，河北省降速最快，为-11.44%。

表3.12　2014—2017年各区域单位面积机械总动力　　（单位：千瓦/公顷）

区域名称	2014年	2015年	2016年	2017年	年均增长率（2014—2017年）	年均增长率排名
全国	8.0	8.5	7.2	7.3	-2.90%	—
北京市	8.9	8.5	6.7	6.2	-11.14%	5
天津市	12.6	12.5	10.8	10.6	-5.57%	4
河北省	16.7	17.0	11.4	11.6	-11.44%	6

---

① 张雄一，徐新良，张正等. 2000—2017年中国农业机械总动力水平空间演变特征[J]. 浙江农业学报，2020（4）：714-722

3 区域农业产业竞争力对比分析

（续表）

区域名称	2014年	2015年	2016年	2017年	年均增长率（2014—2017年）	年均增长率排名
京津冀	16.3	16.5	11.2	11.4	−11.13%	—
上海市	6.3	6.3	6.4	6.4	0.53%	2
浙江省	12.2	11.9	10.8	10.5	−5.05%	3
江苏省	10.2	10.5	10.7	10.9	2.40%	1
长三角	10.7	10.8	10.6	10.7	−0.03%	—

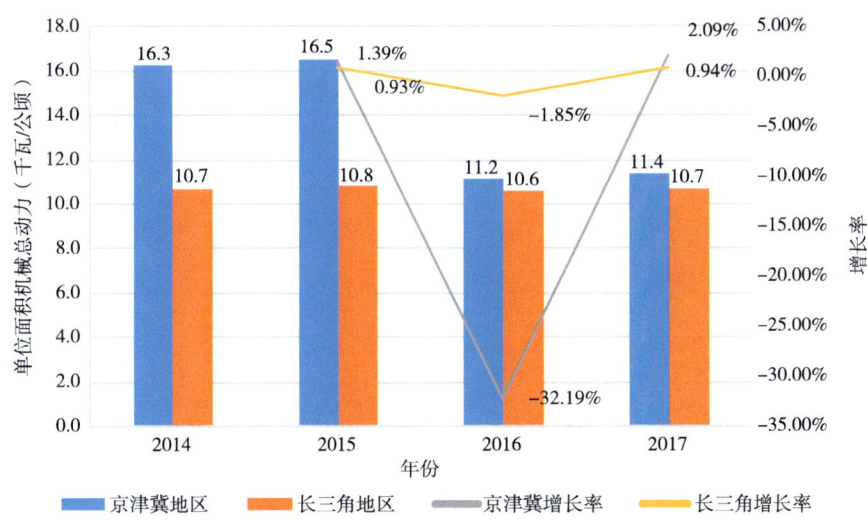

图3.17 京津冀和长三角单位面积机械总动力及增长率

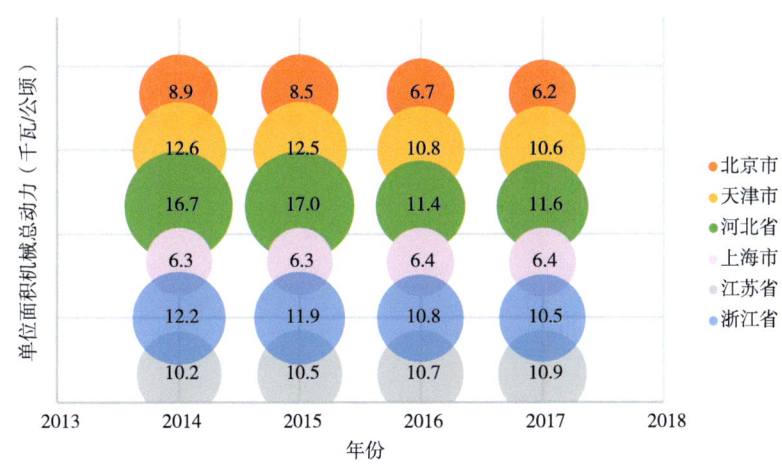

图3.18 各省市单位面积机械总动力变化情况

89

3.4.2 节水灌溉面积

水利是农业命脉，灌区是命脉中的核心，是我国保障粮食安全的重要基地。由于我国是严重缺水国家，因此在供水设施越来越多的同时必须提高水资源的利用效率，利用微喷灌技术、滴灌技术、涌泉喷灌技术等提高节水灌溉率。

由表3.13、图3.19和图3.20可知，2014—2018年，我国节水灌溉面积逐年上升，2018年节水灌溉面积为36 134.7千公顷，相比2014年（29 018.8千公顷）增长了24.52%。河北省、浙江省、江苏省的节水灌溉面积要优于其他3个直辖市，这与3个省农业用地面积高于3个直辖市有关。

2个区域的节水灌溉面积整体呈逐年上升趋势，说明京津冀地区和长三角地区对节水灌溉、水资源利用的问题十分重视。2个地区节水灌溉面积接近，略高于4 000千公顷。2016年以前，长三角地区节水灌溉面积略优于京津冀地区，2016年之后京津冀地区显示出超越长三角地区的趋势。

从年均增长率看，2个地区均为4.32%，从6省市看，天津市和河北省年均增长率排在第一和第二位，分别为6.41%和4.39%。

表3.13　2014—2018年各区域节水灌溉面积情况　　（单位：千公顷）

区域名称	2014年	2015年	2016年	2017年	2018年	年均增长率（2014—2018年）	年均增长率排名
全国	29 018.8	31 060.4	32 847.0	34 319.0	36 134.7	5.64%	—
北京市	193.9	197.2	195.0	211.2	200.7	0.86%	5
天津市	191.7	207.6	227.5	235.4	245.7	6.41%	1
河北省	3 024.0	3 140.0	3 314.2	3 415.7	3 591.4	4.39%	2
京津冀	3 409.6	3 544.8	3 736.8	3 862.4	4 037.9	4.32%	—
上海市	140.0	143.3	145.1	146.1	146.8	1.21%	3
浙江省	1 074.3	1 094.2	1 084.0	1 099.6	1 117.7	0.99%	4
江苏省	2 189.5	2 336.1	2 422.6	2 637.5	2 767.2	0.54%	6
长三角	3 403.8	3 573.6	3 651.7	3 883.2	4 031.7	4.32%	—

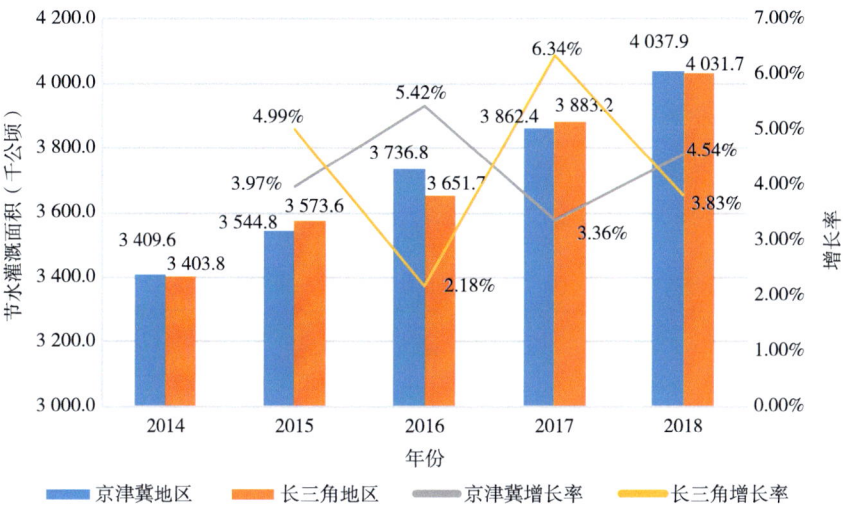

图3.19　京津冀和长三角节水灌溉面积及增长率

图3.20　各省市节水灌溉面积变化情况

3.4.3　农膜使用量

农膜又称地膜、农用地膜，是一种主要成分为聚乙烯的薄膜塑料，覆盖农田起到提高地面温度、保持土壤湿润、促进种子发芽、育苗、抑制杂草生长的作用。优质农膜的使用是现代高效农业种植中不可或缺的因素。

由表3.14、图3.21和图3.22可知，我国2015年农膜使用量最高，随后呈下降趋势。河北省是农膜使用大省，其次是江苏省和浙江省。3个直辖市中，上海市农膜使用量高于北京市和天津市，与该市设施农业较发达有关。

京津冀地区农膜使用量远低于长三角地区，且2016年后农膜的使用连续出现负增长，或与华北地区环保、回收政策有关。从年均增长率也可以看出，京津冀地区农膜使用量减少速度明显快于长三角地区。6省市中，天津市的农膜使用量降速最快，年均增长率为-7.28%，浙江省仍保持了1.14%的增长率。

表3.14　2014—2018年各区域农膜使用量变化情况　　　（单位：吨）

区域名称	2014年	2015年	2016年	2017年	2018年	年均增长率（2014—2018年）	年均增长率排名
全国	2 580 211	2 603 561	2 602 609	2 528 365	2 464 795	-1.14%	—
北京市	10 903	10 402	9 867	8 973	8 243	-6.75%	5
天津市	12 274	10 552	11 644	10 906	9 070	-7.28%	6
河北省	137 918	137 983	138 434	128 100	109 833	-5.53%	3
京津冀	161 095	158 937	159 945	147 979	127 146	-5.74%	—
上海市	19 287	18 030	17 062	15 664	14 781	-6.44%	4
浙江省	65 677	67 458	67 300	67 891	68 731	1.14%	1
江苏省	119 846	113 243	113 941	115 085	116 064	-0.80%	2
长三角	204 810	198 731	198 303	198 640	199 576	-0.65%	—

图3.21　京津冀和长三角农膜使用量及增长率

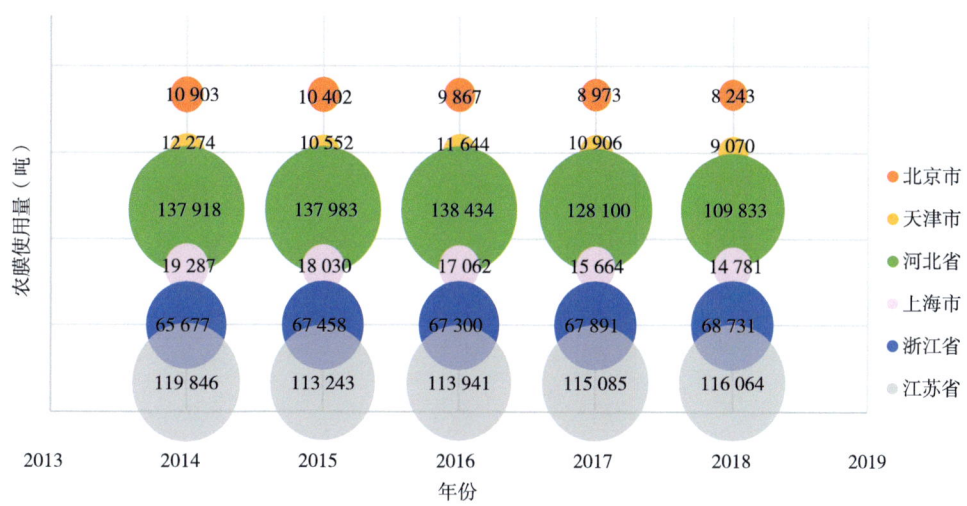

图3.22 各省市农膜使用量变化情况

3.4.4 农业技术竞争力综合评分

综合京津冀和长三角地区单位面积机械总动力年均增长率、节水灌溉面积年均增长率和农膜使用量年均增长率排名，对京津冀和长三角2个区域6个省市在农业技术竞争力方面进行综合评分，打分依据为：排名第一计6分，排名第二计5分，排名第三计4分，依次类推。京津冀地区得分为北京市、天津市、河北省3省市得分之和，长三角地区得分为上海市、江苏省、浙江省3省市得分之和。

农业技术竞争力综合评分结果显示，长三角地区得分为37分，高于京津冀地区的26分。具体来看，京津冀地区节水灌溉面积年均增长率得分高于长三角地区，为13分；长三角地区单位面积机械总动力年均增长率和农膜使用量年均增长率2个方面得分高于京津冀地区，分别为15分和14分。

分省市农业生产竞争力综合评分结果显示，除北京市外，其他5省市得分均在10分以上。得分最高的为浙江省（13分），其农膜使用量年均增长率得分为6分；得分排名第二位的是上海市和江苏省，得分均为12分，江苏省单位面积机械总动力年均增长率得分为6分。京津冀地区河北省和天津市得分为10分，高于北京市6分，3个地区排名4~6位。

表3.15 京津冀和长三角地区农业技术竞争力综合评分

区域名称	单位面积机械总动力年均增长率得分	节水灌溉面积年均增长率得分	农膜使用量年均增长得分	农业技术竞争力综合得分
京津冀	6	13	7	26
北京市	2	2	2	6
天津市	3	6	1	10
河北省	1	5	4	10
长三角	15	8	14	37
上海市	5	4	3	12
浙江省	4	3	6	13
江苏省	6	1	5	12

3.5 农业资本竞争力

农业资本也称农业资金，狭义的农业资金即为社会各投资主体投入农业的各种货币资金。广义的农业资金是指国家、个人或社会其他部门投入农业领域的各种货币资金、实物资本和无形资产，以及在农业生产经营过程中形成的各种流动资产、固定资产和其他资产的总和。

本指标采用广义农业资本的定义，包括以下4个指标：一般公共预算支出-农林水支出、农林牧渔业固定资产投资、农用大中型拖拉机数量、农民可支配收入。

3.5.1 一般公共预算支出－农林水支出

国家或各省市、地区对集中的预算收入有计划地分配和使用而安排的支出称为一般公共预算支出，这笔预算中有一部分用在农、林、水领域支持生产和建设。

从表3.16、图3.23和图3.24来看，全国一般公共预算支出-农林水支出的金额逐年上升，且涨幅明显。2018年全国农林水预算支出为20 493.29亿元，与2014年相比增长了50.31%。河北省、江苏省、浙江省农林水支出要多于3个直辖市,北京市在该领域的预算投入要高于天津市和上海市。

表3.16 2014—2018年各区域一般公共预算支出–农林水支出变化情况 (单位:亿元)

区域名称	2014年	2015年	2016年	2017年	2018年	年均增长率排名(2014—2018年)	年均增长率排名
全国	13 634.16	16 641.71	17 808.29	18 380.25	20 493.29	10.73%	—
北京市	343.67	424.78	443.56	518.35	576.04	13.78%	2
天津市	134.91	156.08	161.02	158.36	165.71	5.28%	5
河北省	583.52	712.49	800.79	782.91	906.27	11.64%	3
京津冀	1 062.10	1 293.35	1 405.37	1 459.62	1 648.02	11.61%	—
上海市	202.34	267.37	327.41	456.53	469.88	23.45%	1
浙江省	524.49	739.08	722.41	696.99	724.46	8.41%	4
江苏省	899.31	1 008.60	985.62	918.22	996.67	2.60%	6
长三角	1 626.14	2 015.05	2 035.44	2 071.74	2 191.01	7.74%	—

图3.23 京津冀和长三角一般公共预算支出–农林水支出及增长率

从京津冀和长三角农林水支出的变化趋势可以看出,2个区域用于支持农林水领域建设的预算在逐年提高,表明各省市政府为实施乡村振兴战略投入了大量的资金支持,特别是2017年后,预算增速较快。整体来看,长三角地区投入的资金支持更多,比京津冀地区高30%左右。但从年均增长率看,京津冀为11.61%,高于长三角地区3.87个百分点,两地区之间的差距有缩小趋势。从6省市年均增长率看,上海市高达23.45%,排在第一位。排在第六位的江苏省仅为2.60%。

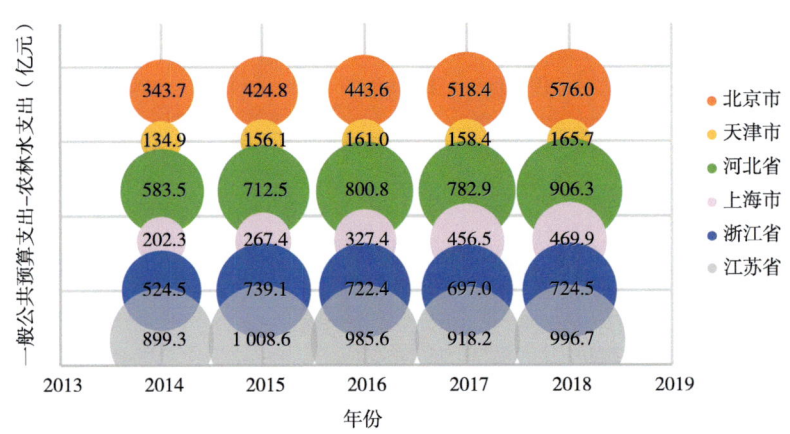

图3.24 各省市一般公共预算支出-农林水支出变化情况

3.5.2 农林牧渔业固定资产投资

固定资产投资是以货币形式表现的,用于建造和购置固定资产活动的工作量以及相关费用变化情况,包括用于基本建设、更新改造、修理和其他固定资产投资。

从表3.17、图3.25和图3.26可看出全国、各省市、区域农林牧渔业固定资产投资变化趋势。从全国角度来看,全国农林牧渔业固定资产投资在逐年上升,2018年达29 993.1亿元,比2014年增长了1倍多。河北省农林牧渔业固定资产投资明显高于其他省市,2018年投资金额占京津冀地区整体的83.22%。长三角地区上海市在农业领域固定资产金额投资很少,浙江省2018年投资金额明显大幅减少,由2017年的353.9亿元下降至2018年的140.1亿元,下降了150%。

从京津冀和长三角农林牧渔业固定资产投资变化趋势可以看出,京津冀地区固定资产投资远超长三角地区,且呈逐年上升趋势,长三角地区2018年固定资产投资出现下滑,降幅为24.73%。

从年均增长率看,京津冀地区高于长三角地区,但2地区均低于全国水平。

3 区域农业产业竞争力对比分析

6省市中,浙江省最高,为17.45%,北京市、上海市降速明显,特别是上海市,达到了-54.66%。

表3.17 2014—2018年各区域农林牧渔业固定资产投资情况 (单位:亿元)

区域名称	2014年	2015年	2016年	2017年	2018年	年均增长率(2014—2018年)	年均增长率排名
全国	14 574.0	19 062.3	22 773.9	26 708.0	29 993.1	19.77%	—
北京市	142.5	109.4	103.0	96.6	105.5	-7.24%	5
天津市	211.7	261.1	321.6	290.6	264.2	5.69%	3
河北省	1 120.9	1 510.1	1 686.6	1 796.2	1 833.9	13.10%	2
京津冀	1 475.1	1 880.6	2 111.2	2 183.4	2 203.6	10.55%	—
上海市	11.8	3.4	4.0	1.1	—	-54.66%	6
浙江省	263.5	339.2	386.2	353.9	140.1	17.45%	1
江苏省	253.4	296.1	410.5	471.8	482.2	-0.52%	4
长三角	528.7	638.7	800.7	826.8	622.3	4.16%	—

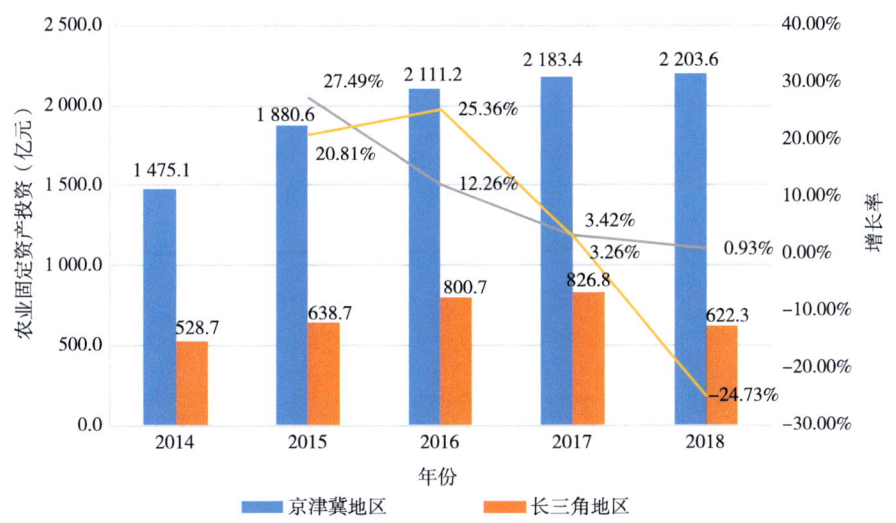

图3.25 京津冀和长三角农林牧渔业固定资产投资及增长率

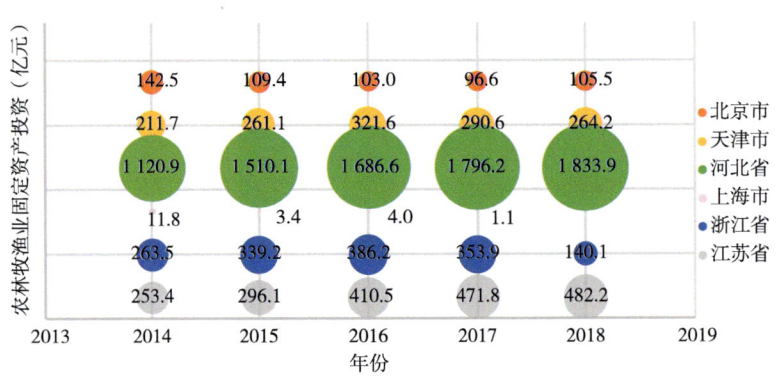

图3.26 各省市农林牧渔业固定资产投资变化情况

3.5.3 农用大中型拖拉机数量

大中型拖拉机是现代农业耕种的主要动力，特别是在抢节令、保增产时更能体现其高效性，大大提升农业生产的效率。

由表3.18、图3.27和图3.28可知，全国农用大中型拖拉机数量仅在2018年有所减少。京津冀地区农用大中型拖拉机数量主要来自河北省，2018年拥有的大中型拖拉机数量占京津冀地区的93.50%，该省拥有的大中型拖拉机数量也明显多于其他5省市。

京津冀地区农用大中型拖拉机拥有量远大于长三角地区，2014—2017年间呈增长状态，2018年数量减少至29.2万台。长三角地区农用大中型拖拉机数量一直稳定在20万台左右。

从年均增长率看，长三角地区虽然总量低，但年均增长率高于京津冀地区，且2地区均高于全国水平，说明2地区均较为重视对农业机械化的投入。6省市中，江苏省年均增长率为2.21%，排在第一位，随后为浙江省（2.02%）。3个直辖市年均增长率均为负值，特别是北京市，达到-6.71%。

表3.18 2014—2018年各区域农用大中型拖拉机数量　　（单位：万台）

区域名称	2014年	2015年	2016年	2017年	2018年	年均增长率（2014—2018年）	年均增长率排名
全国	567.95	607.29	645.35	670.10	422.00	-7.16%	—
北京市	0.66	0.70	0.73	0.70	0.50	-6.71%	6
天津市	1.58	1.50	1.54	1.60	1.40	-2.98%	5

（续表）

区域名称	2014年	2015年	2016年	2017年	2018年	年均增长率（2014—2018年）	年均增长率排名
河北省	25.46	27.43	29.87	31.50	27.30	1.76%	3
京津冀	27.70	29.63	32.14	33.80	29.20	1.33%	—
上海市	0.72	0.75	0.77	0.80	0.70	-0.70%	4
浙江省	1.20	1.26	1.40	1.40	1.30	2.02%	2
江苏省	15.12	16.76	17.99	18.00	16.50	2.21%	1
长三角	17.04	18.77	20.16	20.20	18.50	2.08%	—

图3.27 京津冀和长三角农用大中型拖拉机数量及增长率

图3.28 各省市农用大中型拖拉机数量变化情况

3.5.4 农村居民人均可支配收入

农村居民可支配收入是指农村住户获得的经过初次分配和再分配后的收入。本指标中的农村居民人均可支配收入=区域内各省市农村居民人均可支配收入之和/3。

从表3.19、图3.29和图3.30可知,从全国层面来看,近几年,我国农村居民人均可支配收入逐年上升。河北省农村居民人均可支配收入不高,上海市、浙江省的农村居民人均可支配收入较高,优于其他省市。京津冀地区和长三角地区增幅在2016年均出现下降,之后京津冀地区继续下滑,而长三角地区有所回升。

从年均增长率看,长三角地区高于京津冀地区,且高于全国水平。6省市年均增长率在7.5%~9.5%,差距不显著。其中上海市最高,为9.42%,天津市最低,为7.90%。

表3.19 2014—2018年各区域农村居民人均可支配收入 （单位:元/人）

区域名称	2014年	2015年	2016年	2017年	2018年	年均增长率（2014—2018年）	年均增长率排名
全国	10 488.9	11 421.7	12 363.4	13 432.4	14 617.0	8.65%	—
北京市	18 867.3	20 568.7	22 309.5	24 240.5	26 490.3	8.85%	3
天津市	17 014.2	18 481.6	20 075.6	21 753.7	23 065.2	7.90%	6
河北省	10 186.1	11 050.5	11 919.4	12 880.9	14 030.9	8.34%	5
京津冀	15 355.9	16 700.3	18 101.5	19 625.0	21 195.5	8.39%	—
上海市	21 191.6	23 205.2	25 520.4	27 825.0	30 374.7	9.42%	1
浙江省	19 373.3	21 125	22 866.1	24 955.8	27 302.4	8.96%	2
江苏省	14 958.4	16 256.7	17 605.6	19 158.0	20 845.1	8.65%	4
长三角	18 507.8	20 195.6	21 997.4	23 979.6	26 174.1	9.05%	—

3 区域农业产业竞争力对比分析

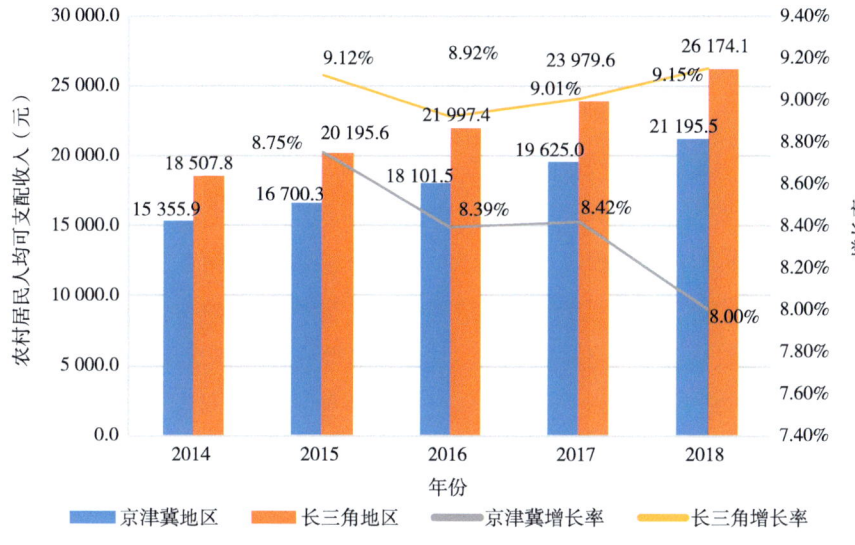

图3.29 京津冀和长三角农村居民人均可支配收入及增长率

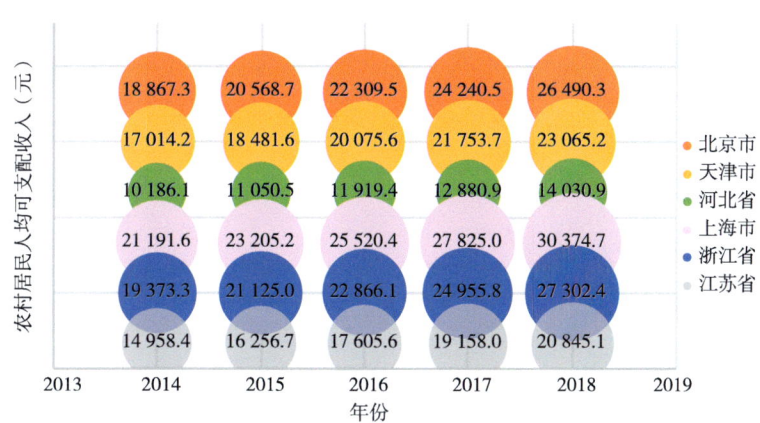

图3.30 各省市农村居民人均可支配收入变化情况

3.5.5 农业资本竞争力综合评分

综合京津冀和长三角地区一般公共预算支出-农林水支出年均增长率、农林牧渔业固定资产投资年均增长率、农用大中型拖拉机数量年均增长率和农村居民人均可支配收入年均增长率排名，对京津冀和长三角2个区域6个省市在农业资本竞争力方面进行综合评分，打分依据为：排名第一计6分，排名第二计5分，排名第三计4分，依次类推。京津冀地区得分为北京市、天津市、河北省3省市得分之

101

和,长三角地区得分为上海市、江苏省、浙江省3省市得分之和。

农业资本竞争力综合评分结果显示,长三角地区得分为48分,高于京津冀地区的36分。具体来看,京津冀地区一般公共预算支出-农林水支出年均增长率得分和农林牧渔业固定资产投资年均增长率得分略高于长三角地区,为11分;长三角地区农用大中型拖拉机年均增长率得分和农村居民人均可支配收入年均增长率得分2个方面得分高于京津冀地区,均为14分,为京津冀地区的2倍。

分省市农业资本竞争力综合评分结果显示,除天津市外,其他5省市得分均在10分以上。浙江省得分19分排名第一,上海市得分16分排名第二,河北省得分15分排名第三。浙江省农林牧渔业固定资产投资年均增长率得分为6分;上海市农村居民人均可支配收入年均增长率得分为6分;江苏省农用大中型拖拉机年均增长率得分为6分。而北京市、天津市和河北省在农业资本竞争力综合评分中,各项指标均没有得到6分(表3.20)。

表3.20 京津冀和长三角地区农业资本竞争力综合评分

区域名称	一般公共预算支出-农林水支出年均增长率得分	农林牧渔业固定资产投资年均增长率得分	农用大中型拖拉机年均增长率得分	农村居民人均可支配收入年均增长率得分	农业资本竞争力综合得分
京津冀	11	11	7	7	36
北京市	5	2	1	4	12
天津市	2	4	2	1	9
河北省	4	5	4	2	15
长三角	10	10	14	14	48
上海市	6	1	3	6	16
浙江省	3	6	5	5	19
江苏省	1	3	6	3	13

3.6 农业市场竞争力

提高农业市场竞争力是发展农村经济,增加农民收入的根本途径。本小节包括以下2个指标：农产品地理标志商标数量和农产品出口额。从国内市场与国外市场两方面衡量区域农业市场竞争力现状。

3.6.1 农产品地理标志商标数量

农产品地理标志是一种农产品品牌，也是一种集体商标[①]，是推进优势特色农业产业发展的重要途径和有效措施。农产品地理标志由农业农村部负责登记，旨在打造农产品区域性品牌，促进农业产业化发展和高效农业发展，规范特色农产品市场竞争秩序。

表3.21列出全国、各省市及区域农产品地理标志商标数量。2019年，全国共有255个农产品获农产品地理标志，较之2014年增加了19.72%。长三角地区拥有农产品地理标志的产品较多，大部分来自浙江省和江苏省。京津冀地区农产品地理标志商标数量仅为长三角地区的31.68%，且大部分来自河北省，天津市拥有数量最少，仅为3个。

表3.21 2014—2018年各区域农产品地理标志商标数量 （单位：个）

区域名称	2014年	2015年	2016年	2017年	2018年	2019年	商标数量（2014—2018年）	平均商标数量排名
全国	213	204	212	238	281	255	1 403	—
北京市	3	2	1	1	0	0	7	5
天津市	0	1	1	0	1	0	3	6
河北省	4	2	2	4	5	5	22	3
京津冀	7	5	4	5	6	5	32	—
上海市	1	5	1	0	1	0	8	4
浙江省	5	5	4	10	15	20	59	1
江苏省	5	5	6	4	5	11	36	2
长三角	11	15	11	13	20	31	103	—

---

① 新华网. 强化农产品地理标志品牌意识[EB/OL]. (2019-10-23）[2020-12-13]. http://www.xinhuanet.com//food/2019-10/23/c_1125139853.htm.

3.6.2 农产品出口额

农产品出口在带动农村就业、增加农民收入、优化农业产业结构、推进大农业建设方面发挥了重要作用，对解决"三农"问题意义重大。在某些农业经济较发达的地区，农产品出口的效益已超过国内销售额，成为当地农民主要的收入来源。

由表3.22、图3.31和图3.32可知，全国农产品出口额逐年增长。长三角地区的农产品出口额基本来自浙江省和江苏省。长三角地区的农产品出口额远高于京津冀地区，每年农产品出口金额大约为京津冀地区的3倍。2017年，长三角地区农产品出口额经历了短暂下滑，2018年出口额回升，涨幅为6.28%。

从年均增长率看，长三角显著高于京津冀地区，但均低于全国水平。6省市中，江苏省和浙江省较高，分别为3.85%和3.26%；上海市、北京市和天津市均为负增长。

表3.22 2015—2018年各区域农产品出口额变化情况　　（单位：万美元）

区域名称	2015年	2016年	2017年	2018年	年均增长率（2015—2018年）	出口额平均增长率排名
全国	7 065 474.93	7 298 635.60	7 553 193.70	7 971 411.03	4.10%	—
北京市	43 986.01	43 062.30	46 404.60	36 687.05	−5.87%	5
天津市	94 601.50	86 371.20	83 969.20	77 284.62	−6.52%	6
河北省	184 417.55	176 487.60	181 053.10	187 873.81	0.62%	3
京津冀	323 005.06	305 921.10	311 426.90	301 845.48	−2.23%	—
上海市	143 198.03	137 899.70	139 534.80	141 390.06	−0.42%	4
浙江省	496 672.10	478 791.90	497 221.50	546 799.73	3.26%	2
江苏省	328 109.76	379 951.10	356 573.90	367 522.61	3.85%	1
长三角	967 979.89	996 642.70	993 330.20	1 055 712.4	2.93%	—

3 区域农业产业竞争力对比分析

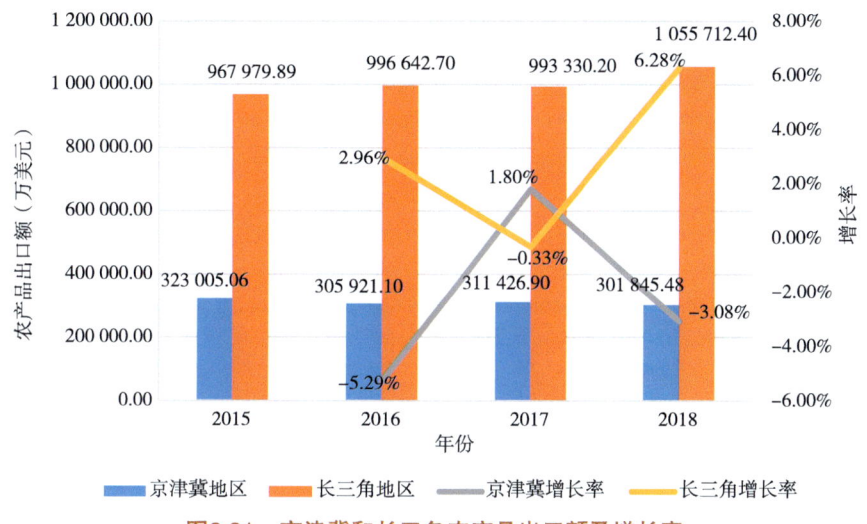

图3.31　京津冀和长三角农产品出口额及增长率

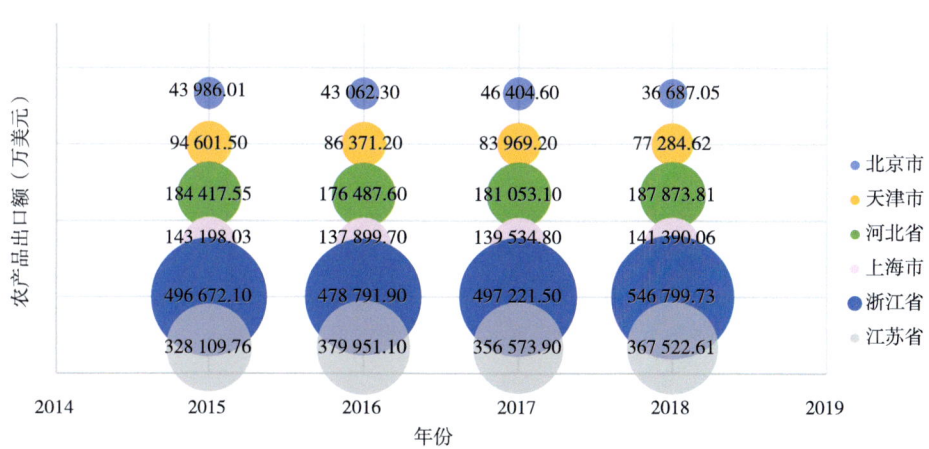

图3.32　各省市农产品出口额变化情况

3.6.3　农业市场竞争力综合评分

综合京津冀和长三角地区农产品地理标志商标数量和农产品出口额年均增长率排名，对京津冀和长三角2个区域6个省市在农业市场竞争力方面进行综合评分，打分依据为：排名第一计6分，排名第二计5分，排名第三计4分，依次类推。京津冀地区得分为北京市、天津市、河北省3省市得分之和，长三角地区得分为上海市、江苏省、浙江省3省市得分之和。

农业市场竞争力综合评分结果显示，长三角地区得分为28分，高于京津冀地区的14分。具体来看，长三角地区农产品地理标志商标数量得分和农产品出口额年均增长率得分高于京津冀地区，均为14分，为京津冀地区的2倍。

分省市农业市场竞争力综合评分结果显示，浙江省和江苏省得分均为11分，排在首位，随后是河北省8分，上海市6分。北京市和天津市得分较低，仅分别为4分和2分（表3.23）。

表3.23 京津冀和长三角地区农业市场竞争力综合评分

区域名称	农产品地理标志商标数量得分	农产品出口额年均增长率得分	农业市场竞争力综合得分
京津冀	7	7	14
北京市	2	2	4
天津市	1	1	2
河北省	4	4	8
长三角	14	14	28
上海市	3	3	6
浙江省	6	5	11
江苏省	5	6	11

3.7 京津冀和长三角地区农业产业竞争力总结

本章节从农业资源基础竞争力、农业生产竞争力、农业技术竞争力、农业资本竞争力和农业市场竞争力5个维度对京津冀和长三角地区的农业产业竞争力进行了综合评估，基于统计结果（表3.24），基本可得出以下结论。

（1）长三角地区农业产业竞争力高于京津冀地区，且在生产竞争力、技术竞争力、资本竞争力和市场竞争力4个方面高于京津冀地区。

（2）农业资源基础竞争力方面，京津冀地区高于长三角地区；6省市从高到低依次为河北省、浙江省、天津市、北京市、上海市和江苏省。

（3）在农业生产竞争力和技术竞争力方面，上海市、江苏省和浙江省均具有明显的区域优势,排名位于北京市、天津市和河北省之前。

(4)农业资本竞争力方面,排名从高到低依次为浙江省、上海市、河北省、江苏省、北京市和天津市。

(5)农业市场竞争力方面,长三角地区优势明显;江苏省、浙江省排在前2位,上海市位列第四;河北省、北京市和天津市分列第三、第五和第六位。

表3.24 京津冀和长三角农业领域产业竞争力综合评分

区域名称	农业资源基础竞争力综合得分	农业生产竞争力综合得分	农业技术竞争力综合得分	农业资本竞争力综合得分	农业市场竞争力综合得分	农业产业竞争力综合得分
京津冀	67	27	26	36	14	170
北京市	20	6	6	12	4	48
天津市	21	10	10	9	2	52
河北省	26	11	10	15	8	70
长三角	59	36	37	48	28	208
上海市	18	11	12	16	6	63
浙江省	16	12	13	19	11	71
江苏省	25	13	12	13	11	74

附录　检索策略

京津冀地区

检索结果：43 193条

AD＝（"beijing or tianjin or hebei" and "Peoples R China"）AND WC＝（PLANT SCIENCES OR FOOD SCIENCE TECHNOLOGY OR AGRONOMY OR AGRICULTURE MULTIDISCIPLINARY OR AGRICULTURAL ENGINEERING OR AGRICULTURE DAIRY ANIMAL SCIENCE OR AGRICULTURAL ECONOMICS POLICY）

索引＝SCI-EXPANDED，CPCI-S时间跨度＝2010—2020

北京市

检索结果：37 970条

AD＝（"beijing" and "Peoples R China"）AND WC＝（PLANT SCIENCES OR FOOD SCIENCE TECHNOLOGY OR AGRONOMY OR AGRICULTURE MULTIDISCIPLINARY OR AGRICULTURAL ENGINEERING OR AGRICULTURE DAIRY ANIMAL SCIENCE OR AGRICULTURAL ECONOMICS POLICY）

索引＝SCI-EXPANDED，CPCI-S时间跨度＝2010—2020

天津市

检索结果：3 936条

AD＝（"tianjin" and "Peoples R China"）AND WC＝（PLANT SCIENCES

OR FOOD SCIENCE TECHNOLOGY OR AGRONOMY OR AGRICULTURE MULTIDISCIPLINARY OR AGRICULTURAL ENGINEERING OR AGRICULTURE DAIRY ANIMAL SCIENCE OR AGRICULTURAL ECONOMICS POLICY）

索引＝SCI-EXPANDED，CPCI-S时间跨度＝2010—2020

河北省

检索结果：3 252条

AD=（"hebei" and "Peoples R China"）AND WC=（PLANT SCIENCES OR FOOD SCIENCE TECHNOLOGY OR AGRONOMY OR AGRICULTURE MULTIDISCIPLINARY OR AGRICULTURAL ENGINEERING OR AGRICULTURE DAIRY ANIMAL SCIENCE OR AGRICULTURAL ECONOMICS POLICY）

索引＝SCI-EXPANDED，CPCI-S时间跨度＝2010—2020

长三角地区

检索结果：37 501条

AD=（"shanghai or jiangsu or zhejiang" and "Peoples R China"）AND WC=（PLANT SCIENCES OR FOOD SCIENCE TECHNOLOGY OR AGRONOMY OR AGRICULTURE MULTIDISCIPLINARY OR AGRICULTURAL ENGINEERING OR AGRICULTURE DAIRY ANIMAL SCIENCE OR AGRICULTURAL ECONOMICS POLICY）

索引＝SCI-EXPANDED，CPCI-S时间跨度＝2010—2020

上海市

检索结果：9 229条

AD=（"shanghai" and "Peoples R China"）AND WC=（PLANT SCIENCES OR FOOD SCIENCE TECHNOLOGY OR AGRONOMY OR AGRICULTURE MULTIDISCIPLINARY OR AGRICULTURAL ENGINEERING OR

AGRICULTURE DAIRY ANIMAL SCIENCE OR AGRICULTURAL ECONOMICS POLICY）

索引＝SCI-EXPANDED，CPCI-S时间跨度＝2010—2020

江苏省

检索结果：18 941条

AD＝（"jiangsu" and "Peoples R China"）AND WC＝（PLANT SCIENCES OR FOOD SCIENCE TECHNOLOGY OR AGRONOMY OR AGRICULTURE MULTIDISCIPLINARY OR AGRICULTURAL ENGINEERING OR AGRICULTURE DAIRY ANIMAL SCIENCE OR AGRICULTURAL ECONOMICS POLICY）

索引＝SCI-EXPANDED，CPCI-S时间跨度＝2010—2020

浙江省

检索结果：11 381条

AD＝（"zhejiang" and "Peoples R China"）AND WC＝（PLANT SCIENCES OR FOOD SCIENCE TECHNOLOGY OR AGRONOMY OR AGRICULTURE MULTIDISCIPLINARY OR AGRICULTURAL ENGINEERING OR AGRICULTURE DAIRY ANIMAL SCIENCE OR AGRICULTURAL ECONOMICS POLICY）

索引＝SCI-EXPANDED，CPCI-S时间跨度＝2010—2020